何もない僕が海の向こうで起業したら、成功した。

人生を変える「冒険の書」

風間真治

JIYUKOKUMINSHA

序章（まえがきに代えて）

「ドミニカで裸一貫からビジネスをする」が僕の〝冒険〟だった

《人生はロールプレイング。人生の主人公はあなたなんだから、あなたを幸せにするのはあなたしかいない》

これは国民的ロールプレイング・ゲーム『ドラゴンクエスト』（以降、ドラクエ）の生みの親である堀井雄二氏の言葉です。きっとあなたも一度は遊んだことがあるでしょう。この言葉の通り、僕たちは人生というフィールドに立ち、生活という日常を送っています。ですが、必ずしもそれがワクワクに満ちた、いわゆる「冒険」であるかというと、そうではありません。先述の『ドラクエ』の例で言うなら、勇者ではなく村人としての人生を送っています。

こんにちは。風間真治（かざましんじ）と申します。

僕は現在、中南米・カリブ海に浮かぶ島であるドミニカ共和国（以降、ドミニカ）にて生活をしています。

いきなりドミニカと言われても「名前は聞いたことあるけど、どこそれ？」という感じでしょう。ざっくりとではありますが、アメリカ合衆国のある北米大陸と、ブラジルやアルゼンチンなどがある南米大陸の中間に浮かぶ島の1つだと思ってください。

そのドミニカを中心に中南米15カ国にて貿易業、不動産業、金融業など複数の事業を展開し、海外生活をしています。

今でこそ海外ビジネスで一応の生活の基盤を築くことができた僕ですが、その道は決して平坦なものではありませんでした。

僕は20代のときに日系企業の支店長としてカリブ海にあるドミニカに赴任しました。そして、そこで現地の女性と結婚したこともあって、赴任期間終了後も現地に残る決断をしました。

つまり、会社を辞めて何もかもが白紙の状態から現地でビジネスを始めて生きていく、という決断をしたのです。

ところが、覚悟を決めてドミニカでの生活を始めた矢先から、僕の人生はトラブルの連続でした。

詳しくは追ってお伝えしますが、少なくともこれまでに4回は死にそうな目に遭って今の自分があります。

ただ1つ言えるのは、僕は確かに「勇者」としての人生を選択し、これまでに歩んできた、ということです。街の中から出ずに、モンスターと戦うこともせず、経験値を積んだりレベルアップをすることもなく生涯を送る「村人」とは違う人生を歩んできた自負があります。

本書ではその一端をお伝えしつつ、もしもあなたが人生で「冒険の旅に出たい」と思ったときのための指南書としての役割を果たしたいと思っています。

どこも雇ってくれる企業がなくて収入がゼロに

僕が最初に死にそうな目に遭ったのは、ドミニカで妻（ドミニカ人です）と結婚し、現地に住んで自分1人で事業をしながら生き抜いていくという決断をしたその瞬間からでした。

妻は1人娘で兄弟がいませんでしたので、両親のことも考えて2人で日本に戻って生活をする選択肢はありませんでした。結果的にドミニカにて手探りで自らのレールを敷く努力をしていく必要性に迫られるようになったのです。

当時、勤めていた会社の社長からはこう言われました。

「何の後ろ盾もない君がドミニカのような難しい市場で生き残るのはまず不可能だよ。退職して独立するのは絶対に考え直したほうがいい」

社長の言葉のトーンはとても真剣で、間違いなく的を射たアドバイスだったと今でも思います。

ですが、それでも僕の決意は固く変わることはありませんでした。

当時の自分はまだ30代で、しかも中南米で事業を行うことが体力的にハードであることは知っていましたので、この先に年齢を重ねてから決断するとしたら、さらにハードルが上がる予測がありました。

それならば、経験は充分とは言えませんでしたが「体力と気力だけは充実している今しか決断はできない」と思ったのです。

ただ、ドミニカで起業したとはいえ最初の収入はゼロでした。

というか、最初はどこかの企業に再就職して生きていこうと考えていたのです。

まずは固定費を減らすために妻と2人で住める部屋に引っ越しをしました。幸い2人暮らしでしたので、スーパーマーケットのすぐ裏手のワンルームアパートを借りることができました。車がなくても買い物に行ける利便性はありましたが、代わりによく雨漏りをするようなボロアパートでした。

住むところが確保できたら、次は働き口です。

ドミニカはスペイン語圏なのでスペイン語の履歴書を作り、会社員時代に知り合ったクライアント先を訪ねて就職の相談に行きました。

過去に日本企業の駐在として支社の代表をしていましたから、ドミニカの大企業とのつき合いも多かったですし、どこもトップが知り合いでしたので「大きなアドバンテージになる」「というか正直、どこかで就職させてくれる」と高をくくっていたのです。

ところが、20社ほどの候補を回っても手ごたえはまるでなしでした。

どの担当者も「あとで連絡をするよ」と言ってはくれるのですが、現実にはどこからも連絡がなく、結局、僕の再就職活動は全敗に終わってしまいました。

考えてみれば当たり前で、文化も人種も言葉も違う〝外国人〟がいきなり知り合いの顔をして「就職させて」と言ってきたのですから、向こうは困惑したでしょう。何より、向こうにとっては日本人の給与体系がわからなかったのは大きなボトルネックだったと思います。

日本でも「独立をしたら会社員時代に会ってくれていた人たちが会ってくれなくなった」という話はよくありますが、それと同じで、ドミニカでも会社員時代の名刺はあくまで会社の名前があるから信用されていたわけで、「風間真治」という個人で仕事をしていたわけではなかった現実を思い知らされました。

「日本で取得した学歴や職歴、資格などが通用しない世界に来た」と強く実感した瞬間でした。

ほう酸団子の行商で1日500円を稼ぐ日々

知り合いだったすべての企業との連絡が途絶え、再就職の見通しがほとんど断たれた同時期に、運悪く、追い打ちをかけるような事態が起こりました。

2008年9月に起きた「リーマン・ショック」です。

アメリカの投資銀行であるリーマン・ブラザーズ・ホールディングスの経営破綻により、

連鎖的に世界規模の金融危機が発生しました。ドミニカでも世界恐慌のあおりを受けるニュースが駆け巡り、世界中の企業が〝守り〟に入った時代でした。

僕自身も「最悪の時期にドミニカへ来てしまった。もうどこも雇ってくれないぞ」と覚悟したものです。比較的、強運だと自負している僕でしたが、このときは「自分の強運もここまでか」と思ったことを覚えています。

ただ、すべての企業との連絡が途絶え、リーマン・ショックが絡んできたことで、僕の中である心境の変化が起きました。

「これからは安易に人に頼ることはやめよう。そもそもドミニカで生きていくのに誰かに頼ろうと一瞬でも考えたのが間違いだった。本当に生き残りたいなら、自分で道を切り開いていくい以外にない」

そして、最初はわずかなお金でもいいから自分で稼ぐ能力を身につけよう、と思うようになりました。

就職先が見つからなかった代わりに時間はありましたので、僕はまず毎月かかっている固定費を見直すところから始めました。同時に、部屋にバケツを置いて雨漏りを対処しながら、僕は考えました。

「とりあえず2週間先までの食費を稼がないといけない」

これが2回目に死にそうな目に遭った経験です。就職もできず、起業家としても売上ゼロだった当時の僕には、2週間先の食費すらままならなかったのです。

結果的に僕が思い至ったのは、ゴキブリ退治用のほう酸団子を方々で売って歩く行商の仕事でした。

きっかけは、妻の父親(義理の父)のもとを訪れたときに、ふと聞いた言葉からでした。地方で小さな商売をしていた義理の父は、「田舎はどうしてもゴキブリが多くて住みづらい」とため息をついていたのです。

そこで、日本からほう酸団子を輸入して売ればお金になるのではないか、とひらめきました。実際に、これは「手応えあり」でした。

それまでのドミニカの害虫対策といえばもっぱら消毒液の大量散布で、日本では考えられないくらいに衛生的にも良くないものでした。特に小さな子どもがいる家庭などは健康被害も出るので、良くありません。

しかも、一度消毒液を散布すれば二度とゴキブリが出なくなるというものではなく、毎月定期的に散布しないとすぐにまた出てきてしまうので、経済的にも高くつきました。

夏場でうだるような暑さの中で、1つひとつ説明して販売していくのはさすがに体力的にもきつかったですが、それでも知り合いのレストランや旧市街のような害虫が多そうなエリアを狙い、人海戦術で行商しました。

置いておくだけでいいほう酸団子は、多くのドミニカ人たちに大変ありがたがられ、僕は1日500円の日銭を安定的に稼ぐことができるようになったのです。

ドミニカ共和国の平均月収は日本円で3万円くらいですから、1日500円、30日で1万5000円なので平均月収の半分くらいでしたが、それでも「極貧」から「質素」程度には生活がランクアップしました。

仕入れにクレジットカードが使える業者を見つけたのも、運が良かったことです。充分な手持ち資金がない状態からのスタートだったので、商品代金回収後の支払いで商売を滞りなく回すことができました。

マネジャーの横領で新規ビジネスが水の泡になる

3回目の死にそうになった出来事は、少し時代が進みます。

ドミニカで中古車販売の事業が軌道に乗り始め、加速させようとしていたときのことです。僕はパキスタン人たちからの相談を受けて自社店舗を起ち上げるようになっていました。法人化の起ち上げの書類準備、商業用店舗探しなど、3カ月かけてドミニカの首都サント・ドミンゴに初めての自社店舗を起ち上げました。

首都から車で5時間ぐらいかかるような遠方からもお客さんが買いつけに来るようになり、小売だけでなく卸売業もさらに拡大し始め、ドミニカを席巻する中古車店になっていきました。

裸一貫で始めた自分の業績が確実に伸びていることを実感し、嬉しい気持ちがこみ上げていました。

そんなときです。ある事件が発覚したのです。

僕が長期で中南米の他国へ出張し、戻ってきたときのことです。店に戻ると中古車の在庫が想定より減っていました。

首を傾げた僕は任せていたマネジャーに問い合わせました。

すると彼からは「何台かの車は修理のために修理場にあるけど、今週中には戻ってくるので心配ない」という返事が返ってきました。

ですが、店の車がそんなに急に、同時に何台も修理が必要になることはまずあり得ません。長年の経験ですぐに「彼は明らかに嘘をついている、これはかなりマズイな」と勘が働きました。ドミニカで「マズイ」というのは、車かお金のどちらか、あるいは両方を盗まれた可能性がかなり高いことを意味します。

すぐに修理場を訪れて調べてみると、そこにも車両はありませんでした。

その後、販売元のデータなどを追跡し丸2日かけて駆け回ったところ、支払いがまだ終わっていない何人かの個人客に、すでに車が引き渡されていることがわかりました。

店のルールとして「あくまで支払いがすべて完了したお客さんにのみ車を引き渡すこと」としていたにもかかわらず、マネジャーは未払いのお客さんの多くに渡してしまっていたのです。

さらに、未払いのお客たちに残金の支払いを求めると、彼らは口を揃えて「すでに全額を払い終えている」と言います。よくよく話を聞いてみると、残金はマネジャー自身が現金で受け取って自分の個人口座に入金していて、会社の口座には振り込まれていないことがわかりました（要するに、横領していたわけです）。

しかも、このマネジャーは帳簿上の数字を会わせるために、客Bからの支払いの一部を客Aの残金として充当し、不足した客Bの支払い分の穴埋めのために、新たに見つけた客Cからの支払いを充当して会社に振り込む、という巧妙な手口を使っていたのです。

結局、このマネジャーとは裁判沙汰になりました。5年の歳月をかけた長い裁判に勝訴はしたものの、僕はかなり疲弊してしまいました。この5年間もいろいろと大変だったのですが、とてつもなく長くなるのでここでは割愛します。

何より僕を疲弊させたのは、この大規模な盗難事件がきっかけで大きなビジネスを失ってしまったこと、そして当時、関係ができていた日本のパートナーとのパートナーシップまで解消せざるを得なくなり、これまで築き上げてきた中古車ビジネスが一旦はゼロに戻ってしまったことでした。

裸一貫で始めた頃とは違い、会社の体制を維持する必要がありましたから、急速に新しいビジネスを起ち上げる必要に迫られました。

警察官の一言「殺されなかっただけでも運が良かったんだよ」

4回目の死にそうな目に遭った経験は、文字通り〝殺されそうになった出来事〟でした。ここまでお伝えしてきたのは金銭的な面や精神的な面で追い詰められたものでしたが、今回は本当に肉体的に殺されそうになりました。

マネジャーの盗難事件があり、ビジネスの起ち上げ直しが必要だった僕は、ドミニカ以外の中南米の市場を新たに攻めようと考え、南米のボリビア多民族国（以降、ボリビア）に目をつけました。

ボリビアはアンデス山脈の中央部に位置しており、首都のラパスは標高にして3600メートルもの高地にあります。

きっかけは、たまたま日本の自動車部品のリサイクル工場でボリビアに興味を持つ会社があり、「ボリビアのお客さんで誰か紹介できる人はいないか」と言われたので「じゃあ、ボリビア攻めてみようか」と軽いノリで考えてしまったことでした。ただ、実際に攻めるとなると想像もしなかったような大変なことがいくつも待ち構えていました。

知らない読者も多いと思いますが、ボリビアはかなり波乱に富んだ国です。

政治体制はコロコロと変わり、数年に一度クーデターが起こります。政権の変更や革命の数は歴史上でどの国よりも多いと言われており、数年で100回以上のクーデターが起きたこともあります。

国家の運営も稚拙で、1993年には2万5000％の超ハイパーインフレ（ハイパーインフレとは、インフレ率が1万2875％を超える状態のこと）となり、国民の全財産が紙切れになった歴史も持っています。

ここ最近はクーデターもなく安定していますが、それでも水道事業の民営化をめぐる水戦争や、2005年にエボ・モラレスが初の大統領選挙に臨む際に大規模な路上封鎖と暴動が行われたりなど、国内の暴動も頻発してきた経緯がある国なのです。

さて、そんな日本とは真逆の環境でビジネスを起ち上げようとした僕は「今までとはまったく違う規模のステージでビジネスができる」と息巻いていました。ボリビアを攻略することはその第一歩であり、人生にとって勝負の瞬間でした。

標高の高い場所での営業活動は酸素が薄く、かなり体力を消耗します。

しかも、ラパスは街並みがすり鉢状になっており、標高が高いところへ行けば行くほどスラム（貧民街）が多く、治安が悪くなります。中古車ビジネスに関連する仕事をする以上、そのエリアへ足を踏み入れることは避けられませんでした。

その日も営業活動が終わって夕方に差しかかり、ホテルへ戻ろうと考えていました。タクシーを捕まえようとしましたが、市場（いちば）が立っている日だったために20分くらいかけて大通りまで出る必要があり、疲れ果てていた僕はあろうことか乗り合いバスに乗ってしまったのです。

中南米をビジネスで行き来するときに、強盗に遭わないために絶対に避けなければいけないのは「乗り合いバスに乗ること」です。

特に身なりがいかにもビジネスをしている服装や、ノートパソコンが入っている鞄を持っているならなおさらです。このときの僕はそのどちらの条件にも当てはまる〝格好の獲物〟でした。

たまたま営業をしていた先から案内されたために乗り合いバス乗り場まで来てしまいましたが、普段であれば絶対に立ち入らない場所でした。

「絶対にヤバい」と直感が囁いていましたが戻ることもできず、僕は仕方なくバスに乗りました。それ以外に選択肢がなかったのです。

バスはラパスの中心街へ向かい、僕の泊まっているホテルの近くに停車しました。バスから降りると、すぐに1人のボリビア人が近寄ってきて「案内してあげる」と笑顔で話しかけてきました。周囲はまだ明るく、僕は「襲われることはないだろう」と彼を無視して歩き始めました。

その瞬間です。後ろから伸びてきた腕が僕の首を締めあげました。さらに、もう1人に両腕をつかまれ、羽交い絞めにされてしまいました。声を上げようにも頸動脈を押さえられていて声が出せません……というか息すらできませんでした。

窒息しそうになっている僕の目に映ったのは、最初に声をかけてきた男の手に握られた大きなナイフでした。今でも鮮明に覚えていますが、その男は大きなナイフを腰の辺りで構えたまま、僕に向かって光のように速い動きで突進して来たのです。

「あ、マズイ……」

それが僕の脳裏によぎった最後の一言でした。

目を覚ますと、僕は道の真ん中に大の字で転がっていました。

服はビリビリに破かれ、鞄もパソコンも財布も携帯電話もすべて強盗に持ち去られていました。どうやら僕は頸動脈を押さえられたことで最後の瞬間に気を失っていたようで、どれくらいの時間が過ぎたのかはわかりませんでした。

すぐに警察署へ駆け込み、事情を話して被害届を出しました。どんな顔だったたか、どんな服装だったかを事情聴取されましたが後ろから来られたのでわかりませんでした。盗られたものが戻ってくるどころか、犯人を捕まえることさえ絶望的だと感じました。

さらに、帰り際に警官から言われた一言が僕をぞっとさせました。

「気を失ったのはむしろ運が良かった。3人目はナイフで突進してきていたし、確実にお前を殺しに来ていた。これはプロの強盗の仕事だよ。だからお前は、とても運が良かったんだ」

警察署を出て、近くのベンチに腰を下ろすとぐったりと力が抜けました。

自分のビジネスのためにまずボリビアを攻略する強い気持ちが折れそうになり、ふがいなさと悔しさで自然と涙があふれ、零れ落ちていきました。

周囲は真っ暗で、それが時間経過によるものなのか、それとも自分の心が映し出した闇だったのか、まったくわかりませんでした。

日本人でカトリックでもない自分がゴッドファーザーを頼まれる

今、こうして振り返ってみても、僕は人生の〝冒険の旅〟に出てから、なかなか壮絶な経験をしてきたと思っています。ここまで綴ってきたことはあくまでも20年近い海外ビジネス経験の一部ですが、「よく今、命があったものだ」とつくづく思います。

現在では中南米を中心に15カ国でビジネスができている僕ですが、さらにお伝えすると、これまでの経験を通して僕はボリビアでは知り合いの客から「ゴッドファーザー」としての役割を頼まれるという稀有な経験もするようになりました。

フランシス・フォード・コッポラの名作映画『ゴッドファーザー』では、コルレオーネ・ファミリーの創始者であるヴィト・コルレオーネを「ドン・コルレオーネ」と呼び、一族の誰からも愛される存在として描いています。

マフィア映画のタイトルになったことから、ゴッドファーザーと言えばマフィアのトップのことを指すと思われるかもしれません。

ですが、実は「第二の父母」「名づけ親」のことを指す言葉で、生涯に渡って、その子どもの後見人のような役割を担うのです。実際にドン・コルレオーネも「ファミリーみんなの代父」の意味でそう呼ばれていました。

そもそも北米大陸と南米大陸に挟まれたイスパニョーラ島のあるドミニカ共和国や他の多くの中南米の国々は、かつてはスペイン領で、キリスト教の中でもカトリック教徒の国が多くを占めています。

あまり日本では知られていませんが、そのようなカトリック教徒の国では、子どもが生まれたときの洗礼式でゴッドファーザーを選ぶ制度があるのです。

ドミニカ共和国で起業した僕は、商圏を徐々に中南米全体へ拡大し、ボリビア市場で数年ほど活動して知名度が高まってくると、僕はゴッドファーザーとしての役割を頼まれることが増えていきました。

ゴッドファーザーを頼まれることは、その方との信頼の証です。

しかも、僕はキリスト教徒（カトリック）ではありません。にもかかわらず選ばれたこと、日本人でも問題なかったことに僕はとても驚きました。

ゴッドファーザーになると、その子どもの誕生日や入学時には贈り物をあげたり、本当の家族さながらの付き合いをすることもあり、それは映画の世界とは大分違うものです。例えば、夜に突然ボリビアから電話がかかってきて「明日、娘がドミニカに行くので泊めてやって欲しい」と頼まれたこともありました。

また時には、驚くような事件もあります。

過去には「恋人を作った旦那が何か月も家に帰ってこない。離婚したら、子どもを引き取って欲しい」と真剣に言われてその旦那に家にきちんと帰るように説得をしたこともあります。

僕はゴッドファーザーになることで、子どもたちやその家族との絆の大切さなど、お金では買えない本当の豊かさに気づく機会を得ることができました。

ある意味ではこれが、僕が冒険の旅に出たことで手に入れた「財宝の１つ」と言えるのかもしれません。

本書では、僕がこれまでに経験した海外ビジネスでのさまざまな成功やトラブルを中心に語りながら「**レベルアップしながら富を得る方法**」をお伝えします。

冒頭に「人生はロールプレイング」とお伝えしましたが、ゲームとは違うことを１つ言えば、それは「セーブ機能」がないことです。

人生は過ぎ去った時間は巻き戻せませんし、死んでも生き返れませんし、「小学生からやり直す」ということもできません。

ただゲームと違い、1つひとつレベルアップしていく必要はありません。

また時には大きく後退してレベルダウンするかもしれませんが、そこで得た何らかの学びを活かせば、次に一気に10段階もレベルアップをする機会を得て、ステージを変えていくことができます。

僕はすべての人が1人1冊の「**冒険の書**」を手にして生まれてきていると考えています。

もしも、あなたが冒険の書の存在に気づき、過去のページをめくってみたら、そこにはこれまでのあなたのさまざまな選択や決断が書かれてあるでしょう。

そして、「今日」という日のページ以降には、何も書かれていない白紙のページが存在しているはずです。そこにどんな面白い物語を書くかはあなた次第。「あなたの魂にどんな体験を刻むか」なのです。

人間はつい、快適な日常の中に身を置いてしまいます。

そうやって冒険から遠ざかると、やがて「村人の書」になってしまいます。

ですが実は、あなたの人生では「開かなくなったページ」の封印を解く鍵を見つけていくイベントが起こっています。まず、それに気づいてしまいましょう。

ただしそれは、冒険なのでちょっと「不安」だったりします。

ですが、そこにあえて進むことで「コンフォートゾーンの外側」に出られて、稼げる金額も見える景色も、どんどん変わっていくのです。

一度きりの人生です。始めるのに遅すぎることはありません。

これから僕と一緒に冒険の旅に出てみませんか？

「人生は短い。遠くまで行け。そして深く考えよ。」

――ジム・ロジャーズ（冒険投資家ジム・ロジャーズ　世界大発見）より

目次

第2章 今すぐ「冒険の書」を手に旅へ出よう

第3章 お金はコンフォートゾーンの外側に落ちている

第4章 ビジネスは「好きなこと」で稼ぎなさい

第7章 海外ビジネスのトラップを回避する方法

第8章
世界の「和僑ネットワーク」を作りたい

第1章

勇者の人生を送るか？
村人の人生を送るか？

学生時代の〝貯金〟では人生を走り切れない

数年前、僕の大学時代の後輩が言った言葉があります。

「自分は〝受験の貯金〟を使って生きていくつもりだった」

でもそれができなくなった、と言うのです。

彼は会社勤めをしていました。大学を優秀な成績で卒業し、誰もが知る大企業に入ったものの、年功序列と古い企業体質を目にして将来の自分に希望が持てなくなっていた中で、急に多くの早期退職者を募り望まない理由で退職をしていく社内の先輩たちを目にしたといいます。彼はその時に、それまで考えていた人生プランが根底から崩れた気がしたそうで、不安になり相談をしてきたのです。

『いい学校へ行って、いい会社に入れば、いい人生が待っている』

僕の世代は子どもの頃に親からそう言われて育った世代です。

僕の両親のような団塊の世代は日本の高度経済成長の真っただ中で働き、毎年のように給料が上がり、成果を出せば何年かに1回は昇進し、定年まで会社が生活を保障してくれて、定年後も退職金で面倒を見てもらえる世代でした。

それが「成功」の方法の1つでした。ですから、いい学校（大学）へ行っていい会社に就職できれば、人生の〝勝ち組ルート〟に乗ることができたのです。

ですが、そんな時代はとっくに終わってしまっています。

特に、バブル就職組のあとに僕のような団塊ジュニア世代が就職するようになった頃から日本は経済的デフレーションに陥り、就職氷河期が起き、リストラが横行して日本の企業はかつてのような「年功序列」「終身雇用」を維持できなくなりました。

社会的にも「新卒で入った1つの企業に一生勤める」ということは〝あたり前〟ではなくなっていきました。むしろ、転職をしたり、副業をしたり、中には起業したりして常に変化することが求められる時代になっています。

時代の変遷スピードは早く、数年前に需要の高かったスキルであってもすぐに通用しなくなります。

一例をあげるとMBAです。

世界3大投資家ジム・ロジャーズはその著書『ストリートスマート、市場の英知で時代を読み解く』の中で「1958年のアメリカにおけるMBA取得者は5000人だったが、今日においては米国だけで年間20万人のMBA学位所得者が生まれている。職業の需要と供給の関係からも供給過多であるし、またMBA取得者がよく志望する金融業界も巨額の負債を抱えており将来性がない、このような時代背景の中でMBAは時代に合わない資格である」と強調しています。

ですから、そんな変化の時代では冒頭の僕の後輩のように、学生時代に貯めた学歴や経験という〝貯金〟を使って定年まで走り切ることに頼っていると、急に訪れた変化の波に対応できず、不安になってしまうのです。

言い換えるならこれまでの日本の社会人は、決められたサイズのコップの中に、いかにたくさんの水をきっちり入れられるかを問われる世界でした。決められた量の水がきっちり入っている人間を「優秀」と評価したのです。

ですが、これから勝てるのは、むしろ「コップそのものを作れる側の人間」です。

それだけでなく、自分のコップを大きくしたり、壊れても修復できたり、自分で作ったコップの中に「どれだけたくさんの水を入れられる能力を持っているか」が重要になってきます。コップの中に水が溢れてきたら、さらに大きなサイズのコップに作り変える能力を持ち合わせる、そういう人間が大きな夢を実現できたり、人生に勝っていけるのです。

まずは、そのような変化が起きていることを知ってもらいたいです。

日本人の9割はドラクエの「村人」である

国民的人気ゲームといえば1980年代に初登場した『ドラゴンクエスト』、通称「ドラクエ」です。

当時、新作が発売されると、ドラクエ欲しさに学校をサボって補導される子どもが続出したり、ソフトを奪う窃盗事件が起きたりしていました。「ドラクエ」は、それほど子どもたちを熱狂させる魅力的なテレビゲームだったのです。

「ドラクエ」には大きく分けて3つの登場人物がいます。

・勇者（戦士や魔法使いなどの冒険者たちも含む）
・魔物（大魔王やモンスターたちも含む）
・村人（王様や武器・道具商人たちも含む）

先述の「自分のコップ」で言えば、自分でコップを作れる人は「勇者」のカテゴリーに入ります。始まりの街を出発して冒険を重ね、経験値を積んで最後は大魔王討伐という偉業を成し遂げる存在です。

一方で、それができない人は「村人」のカテゴリーに入ります。街や村の中でしか生きておらず、そこから一歩も外に出ないまま一生を終える。村の外のことはわからず、そもそも外に出る発想自体がありません。

どちらが安全に生きられるかというと、恐らく後者でしょう。勇者は冒険には出ますが、途中でケガをしたり、命を失ってしまう危険もあるからです。

ですが僕から見れば、安全や安定という名のレールに乗り続けることのほうが、今の時代はよほどハイリスクなことです。

新型コロナウイルスの影響で、大企業も積極的に自社ビルを売却し、テレワーク化をきっかけに、人員整理や給料の見直しを行いました。

これまで売れていたモノが売れなくなり、旅行会社や交通業、建築業、大手アパレルや多数の飲食店が倒産しました。

人生100年時代に70歳まで働く人が多くなると言われている時代に、一度20代に就職した企業で50年間働くというのが現実的ではないことがわかってもらえると、不確実の時代、「自分の力で生きていく力」こそ本当の実力でもあり最強のセーフティーネットだと僕は思います。

もはや学歴や有名企業の名刺があれば安心、とは言えない時代に突入している以上、必要なのは勇者としての力なのです。

『ドラゴンクエスト7』のキャッチコピーは「ひとは、誰かになれる」です。

他にも『ドラゴンクエスト4』のキャッチコピーは「勇者よ、目覚めなさい」、『ドラゴンクエスト8』のキャッチコピーは「見渡す限りの世界がある」です。

僕たちは今日、この瞬間からでも新しい「誰か」になることができ、「勇者として目覚める」ことができ、何より僕たちの目の前には「見渡す限りの世界」が広がっています。

思い出してみてください。かつて「ドラクエ」をプレイしていたときの僕やあなたは、必ず〝勇者の代理人〟だったはずです。

勇者は戦えば戦うほど経験値が上がり、強くなっていきます。

経験値が上がることで、コップの中に水を入れていくのではなく自らのコップそのものを大きく作業をしているのが勇者です。

一方で村人は、街の外には一歩も出ず、レベル1のままリスクも負わないけどリターンも少ない人生を送っています。

どちらの人生を選ぶかはあなたの自由ですが、僕は、あなたも勇者になる資格があると考えています。そして、その方法は意外と難しくありません。

まずは一歩、村の外に足を踏み出すだけです。誰も「出てはいけない」とは言っていません。ただあなたのマインドがそう思っているだけです。

「自分の頭の中で決めた限界」は「他人に決められた限界」よりもはるかに拘束力を持つもので、大人になるとこれがとても厄介なものになってきます。

いずれ独立して起業したい、と思う人は多いものです。ただ多くの人が思うだけで行動に移さないのには自分にはできないという思い込みによるところが多いのではないでしょうか。

一歩外に出れば、確かに魔物がいるでしょう。ですが、意外と簡単に冒険を楽しめるかもしれないのです。

勇者的なビジネスマン、村人的なビジネスマン

勇者と村人の関係をビジネスに置き換えてみると「仕事」と「作業」の関係でも見えてきます。ビジネスマンの中にも「勇者的なビジネスマン」と「村人的なビジネスマン」がいるのです。

作業とは、事前に決められたゴールや正解があって、そこへ向かって手続きを行ったり、正解を出していく行為です。学校の勉強の延長に似ているとも言えるでしょう。間違えないことが評価の対象になります。

一方で、仕事はまったく違い、最初の時点で正解は存在しません。むしろ自分で作り出していくもので、相手が求めているものを見抜き、価値を提供することによって達成できる行為です。学校の勉強が得意なだけだとこの違いに気づかないのです。

価値は相手によってそれぞれ異なります。それを把握し、考え、ゴールまでの道のりも自分で設定し、達成することなのです。そこでは「できるだけゴールに近い正解の道」を手探りで見つけ出し、「与えた価値の総量を積み上げること」が評価の対象になります。

かつて日本が高度経済成長期にあり、イケイケドンドンで前に進めた時代では、村人的なビジネスマンが正解として求められました。正解が事前に用意されていて、きちんと与えられた作業をこなすことでみんなが成功できる時代だったからです。

ただ、変化の時代になると決められたことをしているだけでは、ビジネス環境が変化したときに、村人的ビジネスマンは何をしていいのかがわからなくなります。ＡＩやロボットが人間の作業を代替できるようになっていくこれからの未来では、これからの人たちは置き換えられてしまうでしょう。

ですが、仕事はそうではありません。どんなに時代が変化してもやること自体が変わらないからです。その時代に合わせて「相手の求めるものに合わせて価値を提供する」ということができます。結果、生き残っていくことができるのです。

「仕事は起業家のもので、作業はサラリーマンのものだ」という意味合いのことを僕は言いたいわけではありません。サラリーマンの多くは与えられた「作業」をこなすだけですが、中には上司からの指示でも「仕事」をしている人は存在します。

上司から「この目的を達成してくれ」と言われたときに、そのためにはどんなリソースが必要で、どんな人脈に当たれば良くて、どういう情報を引き出せばいいか……という暗闇の中でも手探りで目的を達成していくための光明を見つけていけるのです。

このような力には再現性がありません。そもそも正解がいない中で正解を見つける——もっと言えば、そこで出した答えを正解にしてしまうわけですから、オリジナリティがあり、ＡＩやロボットでは再現できませんし価値があります。

このような人が生き残るのです。

勇者的なビジネスマンは「できる理由」を考える

『トヨタイムズ』（トヨタ自動車の広報サイト）にて、豊田章男社長が紹介していたことでも有名な寓話に『ロバと老夫婦』というものがあります。

意味合いとしては次のような話です。

《ロバと老夫婦がいる。

1．老夫婦が2人ともロバに乗っていると、外野から「ロバが可愛そうだ」と批判される。

2．お爺さんだけがロバに乗っていると、外野から「お爺さんだけ楽をして、お婆さんが可哀想だ」と批判される。

3．お婆さんだけがロバに乗っていると、外野から「お爺さんだけ歩かせて、けしからん女だ」と批判される。

4．老夫婦が2人ともロバに乗らずに引っ張っていると、外野から「あの老夫婦はロバの正しい使い方を知らないバカだ」と批判される。》

つまり、何をしてもどこからかは批判が来るものだし、万人を納得させることはできない（極めて難しい）ということを僕たちに教えてくれます。

加えて、僕はこの寓話から「批判は誰にでもできる」ということを読み取りました。物事に完璧はありません。必ずどこかに穴があります。その穴を重箱の隅を突くようにして見つければ、それこそ小学生にだって批判はできるのです。

ですが、この考え方では物事を成し遂げられませんし、勇者的なビジネスマンになることもできません。なぜなら批判をすることばかり考える頭は「できない理由」を探し、言い続ける頭と変わらないからです。

かつて、僕が20代で貿易会社のサラリーマンだった時代に、すごく発言権のある先輩社員がいました。当時の僕から見てもあまり仕事ができるタイプではなかったのですが、それでも先輩の発言にはみんなが同調し、影響力があり、僕はそれが不思議でならなかったのです。

当時はその理由がわからなかったのですが、30歳前後になって、僕はようやく思い至りました。それはこの先輩が「できない理由」ばかりを言う人だったからです。

例えば、社長が「商品の値上げを行いたい」という指針を出したときに「今のタイミングで値上げをするのは、このような理由で難しい（できない）」ということを理路整然と言うのです。すると、周囲も「そうだそうだ」と同調します。

考えてもらいたいのですが、何か新しいことに挑戦しようとしているのに、それが「できない理由」をいくら語ったところで成功はしません。

チャレンジを考える以上、現状を脱却しなければいけない課題があるわけで、その課題を放置することになりますから、結果的に何も改善が進まず、会社としても停滞しますし、批判をしたその人も評価されることがありません（何も業績に貢献できていないからです）。

結局、その先輩社員は影響力はあったものの、仕事ができるようには映らなかったばかりか、人事評価も良くありませんでした。

今になって思いますが、ビジネスマンとしての価値は「できない理由」を理路整然と並べて言うことではなく、むしろ「できる理由」や「どうすればできるか」の方法を考え、ひねり出し、行動して何かしらの結果（成果ではなく）を出すことです。

ただ、これにはエネルギーもいりますし、日々の情報収集や人脈構築、常に探求心を持って物事に向き合うこと、そこから新しいアイデアを生み出すことなど、継続や努力が難しかったり、ハードルが高かったりします。

ですが、それができるからこそビジネスマンとしては価値があります。

それこそ、勇者が魔物を倒すことで他の人にできないことを成し遂げ、世界に平和をもたらすからこそ価値があるのと同じです。勇者的なビジネスマンは「できない理由」を考えず「できる理由や方法」を考える人なのです。

人生100年時代に必要なのは「レールなしでも生きられる能力」

2016年に東洋経済新報社から出版され、瞬く間にベストセラーとなった書籍に『LIFE SHIFT―100年時代の人生戦略』(リンダ・グラットン、アンドリュー・スコット共著)があります。

長寿化が進行し、100年以上の人生を生きる時代に生まれた僕たちに新しい生き方を提示する羅針盤のような書籍と言えるでしょう。

かつて、日本の「定年」の年齢は55歳でした。それが1980年代には60歳になり、

2000年には65歳にまで引き上げられました（努力義務化）。

ですが、100年時代で100歳まで生きる可能性がある今の時代を生きる僕たちにとっては、65歳という年齢もまだ引退には早く、70～75歳まで働くのが当たり前になる時代がやってくるでしょう。

まさに、大卒で就職して50年以上も働くことになるわけです。

人生の半分～3分の2を「働くこと」に費やす僕たちにとって、当たり前ですがたった1つの会社でずっと働き続けることは考えられません。

電通が2021年1月から中高年の一部の社員を「個人事業主（業務委託契約）」として働いてもらう制度を始めました。勤続20年以上で60歳未満（新卒）、勤続5年以上で40歳以上60歳未満（中途）という条件がありますが、いずれも40代以上の中高年が対象になっています。

このことからもわかるように、これからのビジネスマン――特に40代以上は、何かしらの〝ライフシフト〟が必要になってきます。今は40代以上が対象ですが、もしかするとこれが30代にまで引き下げられるかもしれません。そうなると、必ずしも中高年だけの問題ではなくなってきます。

そんな時代に僕たちが考えなければいけないのは、「履歴書の外側」で人生を生きる、ということです。
本章の冒頭の僕の後輩のように、学生時代の貯金＝履歴書だけで生きていこうとすると、下手をすると人生が詰みかねない時代になっているのです。

かつては大手企業に入れば人生はゴールで、あとはそこで定年まで大きな失敗をせずに日々を過ごしていればいい社会でした。

ですが、これからの時代は「大手企業」だからといって安泰とは限りません。電通のような大手企業でも、中高年以上を個人事業主化するわけですから、これは「中高年以上はいらない」と言っているように僕には聞こえます。

大手企業にこだわることなく、肩の力を抜いて新卒でも中途でも就職活動をする際には、履歴書の外側で生きることを想定内にして、流動的に自分を対応させられるよう考えておくことが必要です。

変化していく時代にどう生きていくかをできるだけ早いうちから考えておくことは、いざというときに慌てずに済むための方法論なのです。

多くの人は、大手企業や人気企業などの「安定感」のある企業に就職したがります。ただ僕は、これは間違っていると思います。

就職することが悪いとは言いませんし、起業することがベストだと言うつもりもありません。

ですが、「今人気の企業」に入っても、30年後も人気とは限りません。

「これから人気になる企業」に入るならわかります。50年近くも働かなければいけない時代に生まれ、生きている僕たちにとっては、働き方だけでなく企業選びもまた、これまでとは視線を変えることがライフシフトにつながります。

そして、そのために必要なのがレールの上をうまく歩く能力ではなく「レールの先がどうなっていても生きていける能力」を今のうちから身につけておくことなのです。

学校では教えてくれない「履歴書の外側」のルール

履歴書の内側と外側について、話を補足しておきましょう。

そもそも履歴書に「内側」と「外側」があることを知った人も多いと思います。簡単に言えば履歴書の内側とは「言われたことをきちんと守れる」「言われたことを効率的にできる」などの雇われることを前提とした世界です。

そもそも大東亜戦争後、日本には戦場から戻ってきた男性の数が少なく、産業界からの要請で「より効率的に物事ができる人材」が求められました。日本の教育は焼け野原になった日本を一丸となって復興させるための人材を育てる場だったのです。

当然、方針が決まっている中で求められるのは「言われたことを守って効率よく実行できる人たち」です。そういった人たちが日本を焼け野原からたった数十年で世界第２位の経済大国にまで押し上げたのです。

このこと自体を否定するつもりはありません。むしろ感謝をしています。

ですが、先進国の仲間入りを果たし、世界でも類を見ない豊かな国になった今の日本、そして世界が変化していく時代では、そのような履歴書の内側の世界だけでは足りません。履歴書の内側で生きる価値観では「雇われる以外の道を選ぶときにどういう考え方が大事か」という思考の訓練や、外側のルールの理解をしない（学校でも教えてくれない）ので、変化の対応へのスピードが遅れてしまうのです。

日本の学校のシステムは基本的に偏差値システムです。

このシステムは優秀で、同じ競技の中で自分が他人より優れていることを示すことができます（示さなければ評価されない）。勉強であれば「たくさんのことを覚えられる」「計算を早くできる」など、勉強以外にも運動だったら「足が速い」「ボールを速く（遠く）投げられる」などを基準にできるわけです。

ただ、現実の社会に出ると、そうではありません。

「市場の中でいかに他者との競争で優位に立つか」よりも「他者と異なる能力をいかに磨けるか」が重視されます。

また学校の勉強はすでに答えが用意されているものにできるだけ多くたどりつくというルールですが、「外側の世界」のルールは「そもそも明確な答えがない問題」に対して手探りで仮説を立てながらたどり着いていくというもので、根本的に両者のゲームはルールが違うものです。

学校で教えてもらったことは市場に出るまで（受験や就活）の間は役に立ちますが、いざ市場に出て見ると、まったく別のルールの世界が待っているのです。

それが僕の言う「履歴書の外側の世界」のルールです。

アラブ人が教えてくれた「履歴書の外側」のルール

ここで1つ、エピソードをご紹介します。

2009年。僕が会社を退職し、ドミニカで生きていくことを決め、手探りながらも「中古車の輸入販売」のビジネスを始めようとしていたときのことです。

最初に訪問したのは、ドミニカで日本の中古車輸入で当時最大手だった某ディーラーでした。そこへ「一緒に韓国の中古車を販売してみないか」という提案をしに行ったのです。ちょうどアラブ人の社長がいて会ってはもらえましたが、韓国車両を扱う気がないこと、ドミニカの現地法人は一度閉じてしまうつもりであることを聞き、僕は「いきなりうまくはいかないか」と少し落ち込んでしまいました。

ところが、そのアラブ人の社長はどうやら僕に興味を持ってくれたようで「良かったら今夜、一緒に夕食でもどうですか？」と誘ってくれました。指定されたのはボカチカの海沿いにあるドミニカでも高級なシーフードレストランでした。

僕は社長からの勧めもあって妻を伴ってレストランへ行きました。社長もスペイン人の彼女を連れてきていました。

食事をしながら僕たちはいろいろな話をしました。

日本の中古車事業をやめるのは現地法人のオペレーションに問題があるから、現地法人の社長が会社の金を横領したり不当に安い金額で売り捌いていた問題があったから、という身内の話から始まり、当時はちょうどリーマンショックが起きたときで「どこも新規ビジネス投資を控えている」という話や「実はドバイの貿易特別区を活用した中古車ビジネスの準備中である」という話などをしました。

何より、このとき一番鮮明に覚えているのは、宴もたけなわになった頃にアラブ人社長から言われた一言です。

「僕はぜひドミニカで再起を図る際にあなたと一緒にビジネスをしたい」

このときに僕は「これが履歴書の外側で生きていくためのルールかもしれない」と思いました。ちょうど、外国で生きていくために自分が今まで会社員として学んできたルールとは違う〝別のルール〟を学び、適合していく必要があると考えていた時期でした。

履歴書の見栄えを良くするのではなく「あなたと一緒にビジネスがしたい」「あなたに投資したい」と言われるためには何が必要であるか、常に市場の中での自分の独自のポジションを考えていくことが、履歴書の外側の世界で生き抜くには必要なのだと思い知らされたのです。

いつまで斜陽国で〝無理ゲー〟しているつもり？

太宰治の中編小説に『斜陽』というものがあります。

当時、ベストセラーになった小説で、華族制度の廃止で没落していく上流貴族を描いた代表作の1つでもあります。「斜陽族」という言葉を生み出し、国語辞典の「斜陽」の欄に「没落すること」という新しい意味が加えられるくらいの影響力がありました。

現在、日本はこの斜陽に向かっていると僕は思っています。

コロナ禍を経て世界中がGDP2％以上の成長をしている中、日本だけが0・46％と低く、成長が見られません。というより、コロナ禍になるより前から日本のGDP成長率は先進国の中で断トツに低かったです。

バブルの崩壊以降、日本は30年近いデフレが続き、人口減少、年金受給者が3人に1人という高齢社会化、労働人口の低減など、日本は世界の中でもほぼ唯一と言っていいくらい下降を辿っているのに、政府はこれを改善しようとはしません。

世界第2位の経済大国だった日本はすでにGDPで中国に抜かれ、今はドイツにも迫られていて、このままだと何年後には4位に転落するかもしれません（2021年の世界の

GDPランキングで、日本とドイツの差はたった1年で31%から17%にまで縮まった)。

株式投資をしている人なら当たり前の話ですが、株を買いたい人は「〝何〟の株を買うと上がるか？」ということを気にします。

ですが、大事なのは「その市場自体が上昇相場か下降相場か」ということです。上昇相場であれば〝何〟を買っても上がりますすし、逆もまた然りです。株式以外にも不動産でも同じだと思っています。

そして恐ろしいのは、市場そのものが下降しているときは、その株がいいものであっても悪いものであっても、関係なく上がらなくなってしまうのです。

日本という市場が今後シュリンクしていくことに加えて、年金受給者が人口の3人に1人を占め、生産年齢人口が減っていく現状と、コロナ禍でも高齢者に配慮して国を閉じてしまって観光などの成長産業に目を向けない、労働生産性の異常な低さ、などのために縮小化していくこの国の現状では、日本がいかに世界から見て素晴らしい国でも「下降相場の状態」にあるのです。

そんな縮小していく市場の中で、20歳前後で就職し70代まで50年近く働くとして、果たして本当に幸せな人生は手に入るでしょうか？

僕にとっては「無理ゲー」をしているようなものです。無理ゲーとは「ゲームの難易度が高いこと、クリアが困難なゲームのこと」を指します。

人生をゲームに例えるのは不謹慎かもしれませんが、縮小していく市場の中で同じ企業に雇用されて人生をゴールするのはとてつもなく高難易度だと僕は思います。そういう意味で「無理ゲー」なのです。

それにドミニカでもそうですが、世界的には正規雇用（正社員）のパイはどんどん少なくなり、逆にフリーランスなどの自営業者として稼ぐ人が増えています。

ロバート・キヨサキ氏の大ベストセラー書籍『金持ち父さん・貧乏父さん』の中にはお金の法則の基本として「クワドラント」というものがあります。

これは働く人をE（Employee＝労働者）S（Self employee＝自営業者）B（Business owner＝ビジネスオーナー）I（Investor＝投資家）の4つのカテゴリに分けたものですが、このうちのE（労働者）クワドラントの縮小が起きているのです。

この先の世界で、もしもあなたが何かしらの成功を収めたいと思うのであれば、履歴書の外側で生きることを考えることも必要ですが、同時に「雇われないで稼ぐ」ということも考えていかなければいけないと僕は思っています。それが、過去60年では考えられなかったくらいに早く、多くなっていくでしょう。

そんなときに必要なのは「村人をやめて勇者として冒険に出る心構え」です。

日本がダメなら海外に目を向けてみる。海外では人口ボーナスがある国がたくさんあり、これからかつての日本の高度経済成長のように豊かになっていく可能性のある国がたくさんあります。

村人として自分の王国の中にだけ目を向けて稼ぐのではなく、勇者として冒険の世界に視点を向けると、成功の度合いは大きく異なってくるのです。

第2章

今すぐ「冒険の書」を手に旅へ出よう

会社の看板を使わずにいくら稼げるか？

第1章では「ドラクエ」の勇者と村人を例に、これからの日本や世界ではどちらの人材が成功できるのか、あなたがどちらの人生を歩むのか、といったことをお伝えしてきました。

僕たちはみんな、1人1冊の「冒険の書」を持っています。

大事なのは、そこにどんな物語を刻むかです。

物語を刻むためには冒険の書を手に旅に出なければいけません。そしてそれは、できるだけ早いほうがいいと僕は考えています。

僕が20代のとき、当時、貿易会社に勤務していたときのことです。

２０００年代初頭のＥコマース（ＥＣ）の黎明期の頃、まだAmazonや楽天も存在はしていても今ほど主流ではなく、ホームページを自分で開設してモノを売るのが普通だった時代のことです。

あるホームページで、僕は１枚の絵ハガキを購入しました。値段は数百円だったと記憶しています。

すると売り手の方から「ぜひ手渡しをしたいので会えませんか？」と連絡をもらいました。僕たちは東京・人形町にあるカフェで待ち合わせることになりました。

売り手は60代の男性でした。話を聞いてみると、大学卒業後に大手商社に勤め、定年前は大金を動かすビジネスを手掛けていたとのこと。定年後、何か自分で稼ぐことをしたくて趣味の絵を使ってオリジナルの絵ハガキを作り、販売していたところ、なんと僕が第1号の購入者だったようです。

それがものすごく嬉しくて、顔の見えない郵送のやり取りではなく、絶対に手渡しがしたくてわざわざ埼玉から電車を乗り継いで人形町まで来たそうです。電車賃を考えると間違いなく赤字だったでしょう、それでも初めて自分で稼いだことが嬉しかったのだと思います。

いい大学へ行って、いい会社に入って仕事をすること（給料を稼ぐこと）は確かに大事です。

ただ、このエピソードにもあるように、会社で働いてサラリーマンとして稼ぐことと、自分で何かのビジネスで稼ぐことは、同じ「稼ぐ」という言葉でも意味合いはまったく違います。

この絵ハガキの男性は、定年して初めて、会社の看板を外した自分の手で数百円を稼いだのです。

冒険に出ることの1つは起業をして自分のビジネスを始めることです。

もちろん、会社勤めをしながら（安定した基盤を持ちながら）副業で稼ぐのでもいいでしょう。どちらにせよ、自分の手で稼いだ経験が「ある」のと「ない」のとでは雲泥の差があります。

見える景色が違うのです。それはまさに、勇者として街の外に出たときに、今まで見たことがなかった外の世界を知れるのと同じです。

ビジネスはいきなり大きく稼がなくてもいい

僕には2人の子どもがいます。長女と長男で、仲のいい姉弟です。

2人によく言っているのが「1円でいいから自分で稼ぐ体験を早めにしたほうがいい」ということです。

その理由は、先述のように見える景色が違うこともありますが、損をしたらすべて自分に責任が跳ね返ってくるような状態で勝負することは緊張感がありますし、そもそも、稼ぐことはそんなにハードルを高く考えることではないからです。

それに「早く始めたほうがいい」というのは、人間やはり、年を重ねることで結婚をしたり、家庭を持ったりと「守るべきもの」が増えていくからです。そこから挑戦をしようとなると、ハードルは必然的に上がってしまいます。

ですから、１円でも自分の手で稼ぐ経験はできるだけ早いほうがいい（そのほうがリスクが少ない）ですし、最初は気軽に小さく始めたほうがいいのです。

１円を稼げたら次は１００円、次は１０００円、１万円……と稼ぐ額を徐々に増やしていけばいいのです。

どんな大企業でも、最初は小さいところから始まるものです。

例えば、世界的企業のApple社はジョブズとウォズニアックの「２人のスティーブ」がジョブズの家のガレージで創業したのが始まりです。Facebookも最初はハーバード大学の学生だったマーク・ザッカーバーグが同学生の交流をはかるために開発したサービスでした。

ですから、大企業を神格化していきなり大きなことをしようとせず、まずは小さく始めればいいのです。

そうすることでいろいろな段階でのビジネスを経験できますし、物事の仕組み、経済のことなども早いうちに学べて有利です。リスクも少なく、ビジネスが気軽にできることを体で感じることもできます。

稼ぐ方法は、別に絵ハガキでなくても構いません。

今の時代であれば YouTuber になったり、ブログで広告収入を稼いだり、note でコンテンツを販売したり、Amazon で出品したり、メルカリで〝せどり〟をしたり（買占めによる転売はいけませんが）、ライバーになって投げ銭をしてもらうのでもいいでしょう。

ビジネスには「こうしなければいけない」の決まりはありません。むしろ今の時代は「プライベートでも社外でも好きなことで稼いでいい」という風潮になっています。

まさに、会社の看板を外して稼いでいい時代なのです。

今決断できない人は1年後でも決断できない

ビジネスは気軽に始められるもの――このように考えて見ると、ビジネスはそんなに肩の力を入れて始めるものではないことがわかると思います。「ちょっとやってみるか」くらいの気軽さでやるほうが、意外と成功しやすかったりします。

ただ、それでも人はなかなか行動できません。

人間は不思議な生き物で、チャンスが目の前にやってきたときに2つの感情が同時に想起されます。

1つが「チャンスを活かしたい」という情動、もう1つが「飛び込むのが怖い」という抵抗です。チャンスが大きいものであるほど抵抗は大きくなりますし、年を重ねるほど影響力が強くなります。

そんなときに「来年でいいか」と考えてしまう人は、1年経っても行動できません。同じチャンスが1年後にやってくる保障はありませんし、そのときに一度行動しなかった人が次は行動するとは限らないからです。

チャンスが到来したときに生じる抵抗の感情を上手にかわすためには、考え方を変えるしかありません。これは村人が勇者になるための方法論でもあります。

それは「自分で決めていく力」を持つことです。

自分で決めていく力を手に入れるためには、抵抗に負けてしまう人がそもそも持っている思い込みを外す必要があります。

それは「正しい選択をしたい（しなければいけない）」というものです。

学校教育で正解を出すことで評価されてきた日本人にとっては、正解こそがすべてで、間違いはダメなことだという思い込みがあります。

確かに数学の問題であればそうかもしれません。1＋1＝2です。

ですが、人生には「正しい選択」なんてものはありません。むしろ、自分がした選択や決断を〝正しくしていくこと〟しか私たちにはできないのです。

これは僕の母が教えてくれたことです。

かつて、私が会社員を辞めてドミニカで生きていくことを決めたとき、上司から言われたセリフがあります。

「何の後ろ盾もない君がドミニカで生き残るのは絶対に無理だ。正しい決断だとは思えないから、絶対にやめたほうがいい」

その言葉で私の中に恐怖が植えつけられました。ですが同時に、ドミニカへ戻る決断をするときに「自分がした決断を正しくしていくしか自分には道がない」とも思いました。

そして、ドミニカへ戻るまで飛行機のチケットの日程が3週間くらいありましたが、それを大幅に切り上げて強引にドミニカへ戻りました。そうしないと自分は行動できないと思ったからです。

成田空港から出国するときもまだ言いようのない恐怖に包まれ、〝黒い霧〟に縛られたような苦しさがありました。それでも、そのとき「やる」と決断して行動したからこそ今があります。

もしもドミニカへ戻るのを1年延ばしていたら、今の自分があったかどうかはわかりません。

同じように、1円を稼ぐときでも最初はワクワク（期待）とドキドキ（不安）が同時にやってくるでしょう。

ですが、冒険の旅に出るためにはワクワクを信じて行動し、信じた道を自分の力で「正しいもの」にしていくしかないのです。

お金がない＝むしろビジネスを始めるチャンス

では「チャンスはいったいどこにあるのか？」という話になりますが、僕はその答えの

1つとして「お金がない状態がチャンスである」と考えます。

お金がない状態だと人は目先の銭のことを考えて働こうと考えます。そうしないと今日食べるパンさえ手にはいらないからです。


日本は恵まれた豊かな国です。普通に生きていたら飢え死にすることはまずありませんし、お金がないときでも日雇いで稼げる働き口がすぐに見つかったり、それでもダメなときは生活保護などのセーフティネットが完備されています。

ですから、その環境に慣れてしまっていると、お金がないときに「どこかでアルバイトをしよう（日銭を稼げる働き口を見つけよう）」と考えてしまいます。

ただこれは、私からすると「村人の考え」です。それでは冒険の旅に出ても生きてはいけません。

勇者に必要なのは「いくら稼げば生きていけるかを考えよう」というマインドです。こう考えるから、勇者はその能力を目覚めさせることができるのです。

私がドミニカに戻ったとき、最初にやったのは生活費を切り詰めることでした。

明日の食べ物にも困るような生活だったため、固定費を細かく算出し、どうすれば圧縮できるかを考えました。

実際に1つひとつ調べてみると、思っていた以上にムダな固定費がありました。

まず契約していたプレミアムテレビ（しかも大して観ていなかった）などの契約を即解約。電話の契約も調べて最低限の契約に変更。インターネットも近所の人に頼んで無料で接続できるものに変えました。

その後も電気代やガソリン代、食費なども毎月管理するようになると、固定費を毎月700ドルくらいにまで下げることができました。

固定費を算出したことで月の出費が明確になり、私は冷静になることができました。その上で、1カ月いくら必要で、そのためには1日いくら稼げばいいかが見えてきたのです。実際に必要だったのは1日2～3000円の稼ぎでした。

金額が明確になったことで「これならできる」と意欲が湧いてくるようになり、私は1日3000円を稼ぐ方法を考えるようになっていきました。

これは僕の中でのパラダイム・シフトでした。そして、序章でもお伝えしたほう酸団子の行商を始めます。

何かのビジネスを始めようとするとき、多くの人は「収入」を増やそうとします。今ある手元の限られた原資をもとに、それを増やすことばかり考えます。

ですが、収入を増やすよりもっと楽なことがあります。

それが「支出を削ること」です。お金がない状況で、月に5万円稼ごうと経費をかけて手持ち資金を使う（よりお金がなくなる）より、5万円分の支出を削るほうが楽ですし、どちらの場合でも「5万円が残る」という結果は同じです。

ビジネスを始めたいと思っているのであれば、お金がない状況はむしろチャンスだと考え、まずは自分の固定費を見直すところから始めてみましょう。自分の支出を正確に把握する癖を早いうちからつけておけば、仮に軌道に乗ったビジネスに何かトラブルが起きても対処ができます。

そして、いくら稼げばいいいかを数字レベルで把握し、それが実現できる小さなビジネスを始めていけばいいいのです。

勇者の世界は「最初に失敗ありき」で考える世界

辰吉丈一郎と言えば、第50代日本バンタム級、元WBC世界バンタム級王者のプロボクサーです。

そんな辰吉の動画で、2009年のK－1に出場した若手格闘家・渡辺一久にアドバイスをするシーンがありました。ボクサーである渡辺が相手選手から慣れない蹴りを何度ももらって冷静さを欠いて連敗し、ボクサーには苦手な「蹴り」がある格闘技の世界でどう戦うべきか辰吉に対策を求めたのです。

そこで辰吉は「蹴りを恐れてしまっているから自分のボクシングができない、そもそも蹴りはもらうものだと思えばいい。そう思って恐れずにパンチの間合いに入って行くことで自分の間合いでパンチを打てる」とアドバイスをしました。

僕は、この考え方はビジネスの世界でも通用すると思っています。


日本の教育は「正解がすべてで間違いはダメ」ということをお伝えしました。

これをビジネスに置き換えると、多くの人は最初からうまくいくように計画を練り、もしも失敗をしたら「それはダメなこと」だと考えます。

ただ、これは第1章でお伝えした「履歴書の内側のルール」です。

これは企業でも同じで、何かの新規プロジェクトを起ち上げるときには完璧な計画を求められます。失敗する要素をできるだけ早期発見で削り、安全な道を渡って行けるようなプレゼンテーションをしないと、稟議が通らない世界です。

ですが、履歴書の外側のルールは、まったく逆になり「そもそも失敗は当然するもの」という考え方がスタートになります。

むしろ、失敗にこそ価値があるのが基本です。なぜなら、失敗には「うまくいかない方法」という情報や経験としての価値が秘められているからです。

世界的ブランド「シャネル」の創業者ココ・シャネルの言葉に「失敗しなくちゃ、成功はしないわよ」というものがありますが、これがまさに的を射ています。

ビジネスは失敗の繰り返しです。10回トライして9回失敗しても、最後の1回で成功すればすべて取り返せる世界です。

しかも、9回の失敗の中で「こういうことをするとうまくいかない（失敗する）」という経験が得られますから、そこから素早く学んで「なぜ失敗したか」を徹底的に考えることで次のトライに活かすことができ、1回目よりも2回目、2回目よりも3回目のほうがどんどん成功確率は上がっていきます。

僕が見てきた限り、ビジネスで成功している人は、例外なくこの手の人種です。

こういうことを書くと、次のように考える人もいます。

「でも、そもそも失敗をしないために、最初によく考えるべきでは？」

ですが、僕からすると「よく考える」ためには材料が必要です。それも空想ではなく、地に足の着いたリアルな情報です。そしてそれは、失敗をした経験からしか得られません。

つまり、よく考えるためにこそ失敗が必要で、その情報を持って考えたほうが、むしろ効率がいいのです。

単純に数字で考えてみましょう。

ビジネスを始めようとしているAさんとBさんがいるとします。「今から1年間後にそれぞれ同じ新規事業を始める」という条件を設けた上で、Aさんはじっくりと計画を1年間練ってスタートします。一方、Bさんは別の事業を2カ月ごとに失敗してからスタートしたとします。

1年後、どちらのほうが新規事業を成功確率は高いでしょうか？

当たり前ですが、成功しやすいのはBさんです。Bさんは最初の1年間に6回も失敗を繰り返し、そのたびに情報と経験をリアルに自分の中に蓄積した（経験値を貯めてレベルアップした）状態だからです。

これが「履歴書の外側の考え方」です。

大切なのは、失敗を「ダメなこと」ではなく「貴重な経験やスキル」だと考え、そこから学び、リカバリーする術を身につけることです。小さなビジネスであれば、損害を小さく失敗することができます。

そして、そのスピードは早ければ早いほどいいです。成功している人たちは総じてフットワークが軽く、失敗への耐性が強い人たちばかりです。そういう人たちは、自分と同じような人だからこそ信用し、一緒にビジネスを考えます。

これから勇者になる人には、ぜひこのマインドを持ってもらいたいと思います。

なぜ成功したい人は海外に行くべきなのか？

さて、ここまで僕は、冒険の書を手に冒険に出ることをあなたにおすすめしてきましたが、もう1つ重要なポイントをお伝えします。

それは、これからの時代に成功したいなら「海外ビジネス」を念頭に置く、ということです。なぜ海外ビジネスをおすすめするかというと、そこには3つのメリットがあるからです。

それは次の3つです。

1．子どもの時間軸で生きられる
2．ビジネスの障壁をかなり下げられる
3．日本人としての強みを活かせる

1つずつ解説しましょう。

1．子どもの時間軸で生きられる

第1章で「作業」と「仕事」の違いについて説明しました。

作業人間が仕事人間になるため、もしくは作業人間にならないためには、常に新しい人と出逢ったり、今までのルーティンとは違うことをしてみたり、何か新しいチャレンジをすることが必要です。

フランスの哲学者ジャネーが提唱した「ジャネーの法則」をご存知でしょうか。

これは「生涯のある時期における時間の心理的長さは年齢の逆数に比例する（年齢に反比例する）」という法則を発案したことで知られています。

つまり、60歳の人間にとっての10年間は6歳の子どもの1年間にあたる、ということです。

人間は大人になるにつれて時間の流れを早いものだと認識します。端的に言えば大人にとっての1週間と子どもにとっての1週間は、まったく同じ時間が流れているにもかかわらず、感じる時間の長さは違うのです。

一見するとジャネーの法則は不可逆に思えます。

ですが、1つだけこの不可逆的とも言えるジャネーの法則に抗い、時間軸を逆転させる方法があり、それが「海外に行くこと」なのです。

海外に行くと今まで出会えなかった人と出逢ったり、まったく違うルーティンで生きなければいけなかったり、さまざまな新しいチャレンジが自然と発生します。すると、あなたの時間は濃密なものになり、かつて子どもの頃に感じていたような時間軸で生きることができるようになるのです。

これはお金には変えられない貴重な経験になるはずです。

2. ビジネスの障壁をかなり下げられる

ビジネスで成功するためには、当たり前ですが「人の不便」を解消する何かを商品・サービスとして提供しなければいけません。そこに付加価値があるのです。

ただ、不便の中にも「簡単に解決できるもの」と「簡単に解決できないもの」があり、後者のほうが資金力やスキルや人脈などが必要になり、参入障壁が高くなってしまいます。もちろん、それによるリターンは大きいのですが。

何かのビジネスを始める際、できれば後者を選択したいでしょう。そのときに唯一の〝裏道〟となるのが海外マーケットです。単純に、日本の技術で海外の不便を解決できる場面がたくさんあるのです。

なぜなら、そこには「情報の非対称性」が生まれるからです。私たちが中南米のマイナーな国の情報を知らないように、向こうの現地人も日本の情報などは知らないのです。ですから、スキルが高くなくても大きな不便を発見し、解決しやすくなるのです。

例えば、僕のほう酸団子はそもそもドミニカには存在していませんでしたので、日本から輸入して売り歩くだけで日銭を稼ぐことができました。

他にも、日本の紙おむつを輸入して販売している人もいます。海外の紙おむつは品質が良くなく、日本の赤ちゃんが泣き出さない優しい肌触りのものは、それだけで重宝されます。

また、僕が現在ドミニカのお客さんから頼まれているのは冷却ジェルシートです。平たく言うと「冷えピタ」です。これも海外では見当たりません。

このように、海外の情報の非対称性を活用すれば、参入障壁の高い市場であっても、僕たちが食い込むチャンスがあるのです。

3．日本人としての強みを活かせる

情報の非対称性に絡んでくる話ですが、日本人が海外に行くと、それだけで日本人のライバルが少なく、かつ日本人独自の強みを活かすことができます。

先述のほう酸団子や紙おむつや冷却ジェルシートなどは、僕たち日本人にとっては当たり前で説明不要なものですが、海外の人には仮に情報を持っていたとしても、僕たちよりうまく説明することができません。

「餅は餅屋」のとおり、日本人が最も日本の情報を持っているものなのです。ですから、海外に行くだけで日本は母国の情報を使って競争で優位に立てるのです。

さらに、日本人という国民性は海外では「信頼の証」になります。

礼儀正しい、時間に正確、約束を守るなど、これらも僕たちにとっては当たり前のことが海外では貴重です。

例えば、同じ値段の同じ商品を買うとして、みんな買いたがるのは日本人からです。この感覚はあまり知られていません。

日本人の感覚からすれば、日本人と外国人だったら同じ日本人から買いたいと思うので「外国人も同じように考えるだろう」と思うかもしれませんが、そうではないのです。

実は自分は最初にドミニカ共和国に、日本から赴任した当時、僕がかつて勤めていた会社の社長から「ドミニカ人の客はできればドミニカ人からは買いたくない、できることなら日本人から買いたいんだ」と言われたことがありました。

そのときは「当然ドミニカ人なんだからドミニカ人から買いたいと思うのが自然なのでは？」と腑に落ちなかったですが、現地でビジネスを始めるようになり、長くこのビジネスを続けるほど「やはり同じ条件なら日本人のほうが有利であること」を、身を持ってわかってくるようになりました。

このように、日本人が海外へ行ってビジネスをすることは不利どころか、むしろメリットや強みになることが多々あります。

成功するためにも海外ベンチャーの道を今からでも模索してみてください。

コロンブスは世界最古のベンチャー起業家だった

ドミニカ共和国の首都・サントドミンゴ。ここには大航海時代の代表的人物であるクリストファー・コロンブスの墓（大聖堂）があります。

コロンブスが「黄金の国ジパング」を目指して航海をしていたのは有名な話ですが、最初にたどり着いた島は現在のドミニカがあるイスパニョーラ島でした。島の北部「シバオ地方」に上陸し、その発音が似ていたことから「ついにジパングにたどり着いた」と死ぬまで勘違いをしていたそうです。

ちなみに「ドミニカ」という国名も、コロンブスが来島した日が日曜日（ドミンゴ）だったので、それにちなんでつけられたとされています。


このように、日本とドミニカを不思議な縁で結んだコロンブスは、世界最古のベンチャー起業家だったことでも知られています。

当時の大航海時代は「株式会社の発明（東インド会社）」「ベンチャー投資家の原型の誕生」などにより、ビジネスや投資において、現代社会につながる大変革がもたらされた時代です。

コロンブスは、黄金、香辛料、そして奴隷売買のため、当時はまだ実施されていなかった「西回り航路」で新大陸を目指す構想がありました。


ですが彼にはお金がなく、借金も抱えていました。

そのために、みんなでお金を出し合って船を買い、航海に行く船員を雇って、その航海で持ち帰った商品を販売した利益をみんなで山分けしました。

これは現代の「株」で言う「配当」の原型になっています。コロンブスは今の時代で位置づけるなら、典型的なベンチャー企業の社長だと言えるでしょう。

また、彼はスペイン王室にも積極的な援助を求めました。女王イザベル1世は、彼の魅力的な計画に興味を示し、金銭的支援を行うことにしました。

お金のないベンチャーの社長・コロンブスに出資した女王イザベル1世は、今で言うなら「ベンチャーキャピタルの社長」のような存在です。

前置きが長くなりましたが、今の時代は、コロンブスのように魅力的な夢を語ることでお金を集めやすい時代だと僕は考えています。

実際に現在、世の中に出回っているお金の9割が株式などの金融商品や不動産などへの「投資マネー」だと言われており、これは裏を返せば「魅力的な夢を語ることで、お金を集めやすい世の中になっている」ということでもあるからです。

しかも、「お金を出す人」と「お金を出してもらう人」の比率はどちらが大きいかというと、前者のほうが多い時代です。多くの人は後者だと思って驚くのですが、この10年でパワーバランスが変わってきています。

かつてはベンチャー投資家の立場は圧倒的に高かったです。

ですが現在は、投資する側が起業家に対して「自分はお金を出す以外にこんなサポートもできる」とプレゼンテーションをする時代になっています。

一方で、起業家側も優秀であればあるほど「お金を出してくれるなら誰でもいいわけじゃない」という意識で「この投資家は自分たちの事業をどれくらい理解しているか」「この投資家はお金以外にどんな人脈を持っているか」など投資家を選ぶようになっています。

これは金余りの時代だからこそ起きた逆転現象です。

さらに言うと、投資家にアクセスする方法も昔のような決められたコミュニティに入る必要はなくなりました。

ベンチャー投資のプラットフォームが日本にもあったり、クラウドファンディングという仕組みがあったり、ビジネスを始める側にアイデアさえあれば投資が起こりやすくなっているのです。ですから、アイデアがあるなら勇気を出してビジネスを立ち上げ、投資マネーを受けて夢や理想を意欲に燃えながら追いかけてみましょう。

そして世の中に価値を作り出すべきです。

これこそが挑戦する人間＝勇者としての特権だからです。

第3章

お金は
コンフォートゾーンの
外側に落ちている

富を築く「冒険の書6原則」とは？

ここまでの内容で、あなたの中に少しずつ「冒険に出るための心構え」のようなものが醸成されつつあると思います。

ただ、いきなり冒険に出ようと思っても、何から始めていいいか、わからないかもしれません。「村人をやめて勇者になれ」「村の外に出よう」と言われても、具体的にどうやってやるのかが見えないと思います。

そこで、本章からはその方法として、最初に私の考える「富を築くための6原則」からお伝えしていきます。

この道筋を辿って行けば、あなたも勇者として数々の冒険を経て、自分なりの成功を手に入れることができるでしょう。

ちなみに「富を築くための6原則」は次のようなものになります。

【富を築くための6原則】

原則1：コンフォートゾーンの外側に出る

原則2：港から出る船があればとりあえず乗る

原則3：「寝食を忘れられる好きなこと」で勝負する
原則4：失敗はできるだけ多く・早く重ねる
原則5：海外投資の知識を身につける
原則6：「お金を生む資産」を手に入れる

この6原則はすべて大事なことではありますが、何よりもまず優先して考えなければいけないのは**「原則1：コンフォートゾーンの外側に出る」**です。

これをせずして次の原則に進んでいくことができませんし、原則1はその後のあらゆる場面で何度も登場するものだからです。

本章ではこの原則1を中心にお伝えしますが、その前に、原則2～6について簡単に解説しておきましょう。

「原則2：港から出る船があればとりあえず乗る」は平たく言ってしまえば「チャンスを逃さずにつかむ」ということです。「ドラクエ」でもそうですが、船を手に入れて大海原に出ていくことでより大きなフィールドで冒険ができるようになっていきます。

港町には常に船があり、毎日出航しています。

同じように冒険のチャンスというのは、実はあなたが知らないだけで（まだアンテナに引っかかっていないだけで）常に僕たちの目の前に転がっているのです。
大切なのは、チャンスが見えたときに躊躇わずにつかみにいく行動力です。

「原則3：「寝食を忘れられる好きなこと」で勝負する」は、あなたの中に眠っている才能を見つけることです。人間には、誰しも最低1つは才能を持っています。それは寝食を忘れてでも没頭できることです。

まず、その才能を見つけ、「お金」の視点よりも「才能」の視点でビジネスを始めることです。そのほうが長く楽しくそのビジネスを続けていくことができます。

才能を見つけることはとても大事です。RPGで言えば「伝説の武器」のような宝物と言えるでしょう。これは次章で解説します。

「原則4：失敗はできるだけ多く・早く重ねる」は第2章でもお伝えしましたが、冒険の世界では「失敗すること」にこそ価値があり、失敗を重ねない人には幸運の女神は微笑むことはありません。

とにかく小さなビジネスを始めて失敗を重ね、失敗に慣れることです。

最初は失敗することは怖いと思います。これで大きな挫折を味わったり、人生が狂ってしまうような気がするでしょう。僕も最初はそうでした。

ですが、あるとき「意外と大したことないな」と気づきます。そして、そこから人間は変わることができます。「違うステージでがんばればいい」という〝損切り〟の力が身につくのです。

最初の失敗を引きずらないようにするコツは、今回学んだことを次に活かす思考の癖を作ることです。何度も言いますが、失敗は「うまくいかない方法」を情報として手に入れられることなのです。

「原則5：海外投資の知識を身につける」は次のステップへ進むための布石です。語学も含めて海外の情報を少しずつ身につけていきます。それが「海外への扉」を開く魔法の鍵になります。

海外投資というのは、例えばiDeCoやNISAのようなところで海外の債券や国債や株式を買うことではありません。もちろん、最初は無理をせずそれを入り口とするのは構わないのですが、その先の理想としては、海外の証券会社で口座を開き、直接投資をするのが理想です。

日本の証券会社で買える銘柄よりはるかに利回りのいい銘柄が山のようにある世界で投資を行うことで、あなたの手持ちのお金は「大きな資産」へと変わっていきます。

「原則6：「お金を生む資産」を手に入れる」は「成功の扉」を開くための最後の鍵です。

原則5を続けていくことで開くことができます。

ここで行わなければいけないのは「年収よりも不労所得を増やす」という考え方のシフトチェンジです。年収はいくら増やしても切りがありません。

年収300万円の人が600万円になったらそれだけ生活の質は向上しますが、実は600万円が1000万円になったとしても、300万円が600万円になったときのようなダイナミックな変化はありません。

それに、年収は増やしても「安心感」は得られません。生活コストも増えることで「これでもまだ足りない」「もっと稼がないと」という際限のない無限ループに陥ってしまいます。

それよりは資産を増やし、一定の不労所得を得ることのほうが大事です。

特に、中南米に住む僕のような人間にとっては、ビジネスはハイリスク・ハイリターンです。まとまった稼ぎ（年収）を得られたとしても、それが政治の問題や法律の変更、為替の変動やハイパーインフレ、強盗に遭うなど、自分ではどうしようもない問題で大幅に目減りしたり、一気にゼロになってしまいます。

あなたがそういう環境に身を置かないとしても「安定」や「安心感」を得たいのであれば、考え方を「年収を増やす」から「不労所得を作る」へシフトチェンジしましょう。そうすることで、得たいものが得られるのです。

原則2～4について、ここでは簡単に解説をしましたが、この先の内容でも登場しますので、まずはこの6原則を踏まえた上で読み進めてみてください。

コンフォートゾーンとは何か？

では、話を「原則1：コンフォートゾーンの外側に出る」に戻します。

そもそも「コンフォートゾーン」という言葉を聞いたことがあるでしょうか？

コンフォートゾーンとは、文字通り「快適な空間」を指す言葉です。心理学では「ストレスや不安のない、心が限りなく落ち着いた状態でいられる場所」を指します。ビジネスマンが成長するためのキーワードとしても最近では使われます。

人間、誰しもコンフォートゾーンを持っています。

例えば自宅です。プライベートが保証され、必要なものがほとんどすべて揃っている自宅では、あなたの心は落ち着いた状態を維持することができるでしょう。

ところが、ここに1つの問題が発生したとします。新しく引っ越してきた隣の住人が深夜に音楽を流したり長電話をしたりと騒音を立てるのです。大家や管理会社、警察に通報して注意を促しますが一向に改善しないとしましょう。

すると、これまでコンフォートゾーンだった自宅は一気に「落ち着かない場所」になってしまいます。特に深夜は「今夜は静かに寝られるだろうか」と不安がよぎるようになるでしょう。

このように、コンフォートゾーンは人間にとって必要な場所です。

ですが、いざ冒険の旅に出ようと思ったら、最初にしなければいけないのはこのコンフォートゾーンから外に出ることなのです。

しかもそれは、先述の例のように外的要因によって行われるのではなく（あるいは、外的要因を待つのではなく）、自分から出ていくことが必要です。

言ってみれば、村の外に一歩踏み出す勇気が必要なのです。

「できない理由」を言う人にはチャンスも成功も巡ってこない

僕が高校時代に硬式野球をしていたときの話です。コーチから言われた言葉で印象的だったものがあります。

それは「自分が守ったことのないポジションを監督から『できるか？』と聞かれたときに『できない』と返事をするやつは一生チャンスをもらえない」というものです。

第1章で「できない理由」についてお伝えしましたが、何かを始めるときに「できない理由」をつい考えてしまうのは、コンフォートゾーンの内側にいたい衝動によるものです。「変化を起こさないことで快適な現状の空間を維持したい」という、人間に備わっているホメオスタシス（恒常性）の反応なのです。

ですが、過去でも現在でも僕の周りにいる「仕事ができる人」の定義はとてもシンプルです。それは「常にできる方法（理由）を考える人」です。

厳しい制約条件がある中でも「どうすれば達成できるか？」とまず考えて行動に移せる人が仕事のできる人として重宝され、「あなたのような人と一緒に仕事がしたい」と言われる存在になっていくのです。

僕が会社員時代に駐在員としてドミニカへ来たとき、スペイン語はほとんど話せず、英語が少しできるくらいでした（ドミニカはスペイン語圏です）。

さらに、引継ぎも1週間くらいしかなく、スペイン語も話せなかったので、僕はそれこそ電子辞書を片手に仕事をせざるを得ませんでした。

でも、だからこそできたのは、スペイン語を流暢に話して結果を出す選択肢を外し「話せない」を前提にどう仕事をするか、という考え方へのシフトチェンジです。会社勤めの身ではありましたがコンフォートゾーンの外側に出たからこそ本気で考えられるようになりました。

もちろん、語学の勉強を怠ったわけではありません。ですが、そう簡単に追いつけるものではありませんし、ネイティブにはどうしたって勝てません。

ですから、自動車を扱う仕事だったので東急ハンズでミニカーを大量に買い込み、ミニカーを見せながら片言のスペイン語と英語で商談したり、言語がダメなら表情や目線を使って交渉をしました。

興味深いことに、それでも充分にやっていけたのです。

もちろん、コンフォートゾーンから出る最初の一歩はエネルギーが必要かもしれません。ですが、厳しい制約条件の中でこそ、人間は結果を出す力が培われ、その習慣が身についていきます。

実際に、現実の社会ではすべての条件が揃っている状態で物事を始められることは多くありません。むしろ、限られた中で結果を出すことを求められるのが仕事というものです。

ですから、そこで「できない理由」を言う人は成功できませんし、チャンスも巡ってこないのです。

まずは「居心地の悪い場所」に行ってみる

新しく何かを始める、何かにチャレンジしてみることは、人生の舵を大きく切るためには通らなければいけない道です。

具体的に何を始めるか、いつから始めるか、ということで僕があなたをコントロールすることはできませんが、コンフォートゾーンの外側に行くためのヒントを1つお伝えすることはできます。

それは「価値観を変えるためにアウェーに行く」ということです。

価値観を変えるということは、第1章でお伝えした「コップ」の例で言えば「コップの中に水を入れる」のではなく「新しいコップを作りコップそのものを大きくすること」になります。

今までより多くの水が入るコップを作る作業です。

ただ、自分でいきなり新しいコップを作るのは難しいかもしれません。

ですから、自分の現在のコップの大きさを変えてくれる人のところに話を聞きに行ってしまいましょう。自分の価値観、普段使っている言葉、普段とっている行動が大幅に変わるくらいのパラダイムシフトを起こすためには、それが効果的なのです。

では、いったい誰に話を聞けばいいのか？

それは自分が新しく始めたいこと、チャレンジしてみたいことの業界で成功している人です。セミナーや講演会など場はさまざまだとは思いますが、直接その人から話を聞ける場を探してください。

恐らく、その場で臨んだとき、あなたの中にはなんとも形容しがたい居心地の悪さを感じると思います。自分と成功者を比較して劣等感に苛まれたり、自分より先に行っている人たちに囲まれて嫉妬を覚えたりするでしょう。

もしもそうなったのなら、正解です。その場が「コンフォートゾーンの外側」である証です。

かつて、僕が新しく海外投資を始めようと思ったときのことです。貿易ビジネスが軌道に乗り、次の展開を考えていました。海外投資の世界にどうやれば自分が入れるか、どうすれば人脈が作れるか、といったことを模索していたのです。

僕はそのときに、ある投資関係者と日本で食事をすることになりました。そして、こう言われました。

「1億円の投資がすぐにできないなら（その資金力がないなら）、一番いいのは足で稼ぐことだよ」

もしかするとその方は、僕に対して「だからやめておきなさい」と言いたかったのかもしれません。ですが僕は、その言葉を聞いて「情報を足で稼ぐのは簡単だ」と考えました。

自分の価値観が変わった瞬間でした。

『冒険投資家ジム・ロジャーズ　世界バイク紀行』、またその続編である『冒険投資家ジム・ロジャーズ　世界大発見』という書籍がありますが、僕はその本の大ファンでした。

その本は世界3大投資家の1人であるジム・ロジャーズが、聞いたこともないような国も含めて世界中の様々な国を訪れては、その国の地元の証券取引所や証券会社を訪ねるエピソードがイキイキとした様子で描かれており、彼のような大投資家でも自らの足で未知の国に行き、その国を肌で感じながら海外投資の情報を集めているという姿に魅せられました。

その後、ドミニカへ戻ってからすぐにオフショア（自分の住んでいる国とは違う国＝海外）の投資ファンドや証券会社を、アポイントのある／なしを問わず自分で訪ねるようになりました。そうやって海外投資という新しいチャレンジをしていったのです。大きく自分の殻が破れていく瞬間でした。

誰にだって「染まってしまっている常識」というものがあります。

そこから外側に出るためには、一番のセオリーはアウェーに行くことです。アウェーに行くことはコンフォートゾーンの外側に行くことであり、あなたの価値観を驚くほど変えることでもあるのです。

ビジネスモデルは「誰かのマネ」から始めなさい

ビジネスにおいてコンフォートゾーンの外側に出ようとするとき、必ずついて回るのが「新しいビジネスモデルの発想」です。というか、独立したり企業をする以上は、自分が行うビジネスの形＝ビジネスモデルは必要になります。

ですから、「ビジネスモデルを作ること＝コンフォートゾーンを出ること」とも言えるでしょう。

ただそのときに絶対にやめておいたほうがいいのは、すべてオリジナルで世の中にまったくないビジネスをしようとすることです。これは、世の中にまったくない製品を作ろうとするのでも同じことが言えます。

これは僕が自分の子どもたちにも言っていることです。

最近、長女がお金を稼ぎたい欲求が出てきているようで、僕がコンテナに積んで輸入してきたカップ焼きそばを現地の中国人がやっている店に売りに行って小遣いを稼いだりしていますが、その際でも「0からアイデアを考えないほうがいい」と伝えています。

ビジネスを始めるとき、ビジネスモデルを作るときには「0から発想しなければ差別化できない」と考える人は少なくありません。

ですが、誰もやっていないアイデアにはある種の危険性が潜んでいます。

それは「まったくその市場にニーズがない」というものです。


まったくニーズがない世界でビジネスを続けていても、商品は売れませんし、負債ばかりが膨らんで、いつかは破綻してしまいます。

それよりは、何か新しいビジネスを始めたいなら、まずは誰かがやっていることを見つけ、それをマネするほうがずっと楽ですし、大事なことです。

すでに誰かがやっている＝市場があるということですから、そこであなたがオリジナル要素をプラスしていくことで、あなたのビジネスモデルは独自のものに成長していくのです。


コンフォートゾーンの外側に出ようとするときに、まったく新しい商品を考えようとして結局できず、それでビジネスを始められなくなっては意味がありません。

もちろん、世の中にはスティーブ・ジョブズのようなiPhoneというこれまでになかった製品を生み出し、スマートフォンという言葉を作ってしまうくらいの怪物は存在しますが、そこはマネするべきではないのです。

マネをするときは業界ナンバー１をベンチマークにする

０からビジネスを考えるのではなくすでに市場のあるものをマネする——まったく新しいことは市場がないかもしれませんし、誰にもできないくらい難しいことかもしれません。

ではマネをするときにはどこを狙っていけばいいのか？

それは「業界ナンバー１」の会社です。もちろん、売上だからブランド性はまったく違いますが、それでもベンチマークするのは業界最大手です。Google などで自分が始めた異業種を検索すれば、それに準じた情報が出てきますので、それを徹底的にマネしましょう。

ただ、気をつけてもらいたいのは「今の市場は変化が早い」ということです。２年もまったく同じビジネスモデルで続くことはないと僕は考えています。

１年間の世の中の変化の中で、あなたはぴったりとベンチマークをしながら、市場の変化にもアンテナを張り、流行や世情の変わりように応じて着々と追い抜く準備を始める必要があります。

そしてもう1つ、業界最大手でも自分と圧倒的な差が〝あり過ぎる〟ようなところはさすがにベンチマークの対象にはならないので注意してください。

例えば「検索エンジン」の事業を始めようと思ったら、業界最大手はGoogleやYahoo!になりますが、これらの企業と対抗しようと思うと、とんでもない投資が必要になるでしょう。要するに、お金がメチャクチャかかるわけです。

過去に僕もナンバー1を目指して不動産の検索サイトを作ったことがありますが（次章でお伝えします）、ものすごい資金がかかった上に失敗しました。こういうところをベンチマークするのは現実的ではありません。

ただ、1つ言えるのは貿易や海外ビジネスであればベンチマークは比較的やりやすい、ということです。なぜなら、マイナーな国を目指せばいいからです。

アメリカや西ヨーロッパ諸国を攻めるのではなく、日本ではあまり有名ではないような国――東ヨーロッパ（ハンガリー、ルーマニア、セルビア、ブルガリア、アルバニア、ボスニア、クロアチアなど）の国、東南アジアや中南米の国だと、マネをしつつ独自性を作ってナンバー1になることも夢ではないのです。

コンフォートゾーンを出るときにこそ人脈が生まれる

アウェーに行くときに注意してもらいたいのが、下手な人脈交流会や異業種交流会に過度な期待をしてはいけない、ということです。

ビジネスはアイデアも大事ですが、人脈も大事です。いきなり人脈を作ろうと思っても、すぐに優秀な人脈＝キーマンにつながることはなかなかありません。

ですから、数をこなそうと思ってとりあえず異業種交流会に顔を出そうと考えるかもしれませんが、はっきり言って、そこでできる人脈は「人脈」とは呼べないと僕は考えています。

そこで名刺交換をしたり、Facebookなどの SNSでつながった程度では、キーマンたりうる人脈にはなりません。「最近どうですか」「ぼちぼちです」くらいの会話しかできない存在でしかないのです。

本当にいい人脈とは「ちょっとしたストレス」と隣り合わせなものです。

ビジネスでは時に肝をすり合わせるようなシチュエーションや、言葉を選んで話を進めなければいけないような微妙な話し合いが存在します。そういうちょっとしたストレスを一緒に乗り越えられるのが本当の人脈です。

言ってみれば「一緒に何かを乗り越えた関係」「そういう記憶のある存在」こそがキーマンたりうる人脈なのです。

ここまで言うと勘のいいひとはわかると思いますが、最初から人脈を作ろうとすること自体が順番としては間違っています。

むしろ人脈は、自分がコンフォートゾーンから出る挑戦をするときに、自然発生的に生まれていき、その中からキーマンが現れたり、自分で見つけられるようになっていくものなのです。

例えば、あなたが起業をするとします。

名刺づくりやホームページ作り、オフィスを借りたり、事務作業を誰かに代行してもらったり、商品開発やプロモーションを行うなど、最初はやることがたくさん出てきます。

そんなとき、あなたが知り合う人たちの数も質も、会社員時代とは圧倒的に違ってくるでしょう。そうやってコンフォートゾーンの外側へ出るために「誰か」の協力を受けていると必ず人と知り合う機会は格段に増えます。

人脈とは、そういうときに初めて生まれるものなのです。例えば、僕は今回「出版」という新しいチャレンジをしましたが、新しい人脈が生まれています。

人脈を構築し、そのいい人脈の中からキーマンを見つけようとするのであれば、まずはそれを作ろうとするのではなく、自分がコンフォートゾーンを抜ける行動をすべきです。すると人脈が生まれキーマンが現れる、という順番です。

コンフォートゾーンの外側が「居心地の良くない場所」であるのと同様に、キーマンもまた「居心地の良くない存在」であることが多いです。

これは別に「一緒にいたくない」という意味ではありません。

自分に対して優しいとか、甘く接してくれる居心地の良さとは対極で、むしろ「その人脈とのつき合い方」を考えてなければいけない存在だということです。

具体的には「相手にインセンティブ」を渡せるかどうかで考えます。

１人のキーマンにはその背後に１０００人の人脈が存在すると思ってもらって構いません。

そういう人脈を手に入れるためには、最初の１人に対して「どんなインセンティブを提供できるか」という考え方でつき合っていかなければいけません。

たとえビジネス上でインセンティブを与えられなくても、あなたの存在が対価を与えられるかどうか。例えば、あなたのキャラクターがその場を明るくしたり、円滑にしたりするのであれば、それもまたインセンティブになります。

今のうちから自分のインセンティブが何かを常に自問自答しておきましょう。それはあなたのビジネスを広げる重要な鍵になります。

インセンティブの考え方は近江商人の「三方よし」に学べ

近江商人と言えば大坂商人、伊勢商人に並ぶ日本三大商人の1つです。

近江国（滋賀県）を本拠地に全国へ行商をした商人の総称で、「近江の千両天秤」と言われるくらいに天秤棒1本から豪商と言われるまでに発展しました。ちなみに伊藤忠商事株式会社の創業者・初代伊藤忠兵衛氏も近江商人の1人です。

その近江商人の経営哲学の1つが「三方よし」です。

「売り手によし、買い手によし、世間によし」の通り、売り手が利益を出せるだけでなく、消費者にとっても利益につながり、さらにそれが他者や社会にも貢献するものであることが良い商売である、という考え方です。

「相手にどんなインセンティブを与えられるか?」ということを考えるとき、僕がとても大切にしていて、参考になるのがこの「三方よし」の考え方です。

基本的に僕は相手の利益にならないビジネスはやりません。経営者として、自社が儲からないビジネスをしないのは当たり前ですが、誰かと仕事をする際でも「自分が入ることでどんな付加価値を明確に描けるか」で考え、描けないものには手を出さないことにしているのです。

なぜなら、相手のメリットにならないことは、例え最初はうまくいったとしても、いずれはダメになってしまうからです。

ビジネスを始めた当初は割と自分は来るもの拒まずで、案件が来たものは片っ端から首を突っ込んでいて、短期的には大きな利益を生み出したビジネスも多かったです。

ですが、継続的に双方に対して利益のないビジネスは、やがて次々と終わっていくことになりました。

ビジネスそのものは恐らく関わればうまくいきそうなものが意外と多いのですが、関係者全員にきちんとインセンティブが回り、かつそれが継続できるかというのはまた別物で、設計そのものをよく考えることが重要です。

大切なのは「三方よし」になるビジネスモデルを作ることです。

それがどんなサイズのビジネスでも、長く続き、大きくなっていく秘訣です。

特に、海外ビジネスを行うなら、日本の「三方よし」は日本でビジネスをする以上に大切になります。

言葉も文化も異なる相手に良い結果をもたらせているか、相手のインセンティブを理解し、利益をもたらせているかを考えなければいけません。それができていれば、裏切られることはないからです。


後の章で詳しく説明しますが、海外では日本の考え方は通用しないことが多々あります。

文化も風習も違うのですから当たり前で、日本人が「こんなに自分ががんばっているのだから相手もそれに応えてくれるだろう」という常識が通用しません。

そんな世界だからこそ、相手のインセンティブを考えることはとても重要で、自分と相手がＷＩＮ―ＷＩＮになるビジネスモデルを考える必要があるのです。

相手のインセンティブを嗅ぎ分ける嗅覚を持とう

ただ、私が会社を退職してその外側の世界に出ていったときに最初にとても驚いたのが「相手のインセンティブをまったく理解できない人間がこんなにも存在するのか」という驚きでした。

インセンティブをまったく理解できない人達の思考はとても自己都合的であり、相手側の事情を考えることはほぼ皆無という世界観で、ビジネス相手として考えるときにどんなにおいしい話に見えても、その先の結末は大抵良いものにならないので見送ることが多いのです。

一方で、社会という「外側の世界」に出ると、ごく稀に強力に相手のインセンティブを嗅ぎ分ける嗅覚に優れている「ストリートスマート」な人間というのが存在します。

これは単なる利益という単純なものではありません。

世の中にある建前の裏側を支配している「力」や「ルール」、もしくは「思惑」というすべてのインセンティブを素早く察知して、その各人の持つ裏側にある様々な事情を解決するための的確なオファーやアイデアをひねり出していくのに優れているのです。

もちろんこういう人たちは、一定の成功を収めやすいと言えるでしょう。

人生はチョコレート・アソート。何が起こるかわからない

トム・ハンクス主演の1994年公開の映画『フォレスト・ガンプ』の中に次の言葉があります。

《人生はひと箱分のチョコレートみたいなものよ、何が起こるかわからないの》

これは主人公フォレスト・ガンプの母親の口癖だった言葉です。日本でチョコレートの箱というと、例えば1つのミルクチョコレートのような同じものがいくつも入っているようなイメージをするかもしれませんが、そうではなく、いろいろな味のチョコレートが入ったチョコレート・アソートのことを意味します。

フォレストは、波乱万丈だった自分の人生を振り返ったときに、この言葉を思い出します。

本章ではコンフォートゾーンの外側に出ることについて、さまざまな角度からお伝えしてきましたが、結局はこの言葉に尽きるのではないかと思います。

人間は不思議なもので、箱を開ける前に中に何が入っているかを知っていないと不安な人であふれています。「あらかじめ用意された正解を解く」という学校教育の延長の世界でのみ生きており、〝答えを知っていないと動けない病〟とでもいうか、特に情報過多な現代では、事前情報を仕入れて判断ができないと、新作の映画すら観に行かない人がいたりします。

映画であればそれもいいかもしれません。

ですが世の中の問題にはむしろ、正解がないものが多く、それを手探りで仮説を立てながら、行動し、軌道修正をくり返しながらトライを行い、1つの解決を目指していくものがほとんどです。

一歩足を踏み出すときには、目の前にはチョコレート・アソートのように、どんな冒険が広がっているかはわからないものです。そこには正解はなく、何年努力しても自分の思う結果が出ないこともあります。

ですが、僕はそこであなたに冒険をやめてほしくありません。

自分が冒険の旅に出ると決めて、一歩踏み出した先で何があっても、仮にその瞬間はうまくいかなかったとしても、その経験が次のステップで生きるかもしれません。次では生きなくても、その次で生きるかもしれません。

ですから、本書をきっかけに「人生は何があるかわからないものなんだ」と考え方をシフトチェンジしてもらいたいと思っています。

何が起こってもおかしくないし、うまくいかないことだってあることを想定内にして、勇気を持ってコンフォートゾーンの外側へ踏み出してもらいたいのです。

スティーブ・ジョブズのスピーチに「コネクティング・ザ・ドッツ」というものがあります。2005年のスタンフォード大学の卒業式の演説（伝説のスピーチと言われているものです）で語られたものです。

かつてジョブズは大学時代に、カリグラフィーという「字をいかにカッコ良く書くか」という授業に興味を持ち、潜り込んでいました。

そのときは、この授業が何の役に立つかはわかっていませんでしたが、10年後にMacintoshを開発する中で文字の美しさの重要性に気づき、かつて潜り込んだ授業のことが思い出したのです。

これが「コネクティング・ザ・ドッツ＝点と点がつながる」です。

冒険をする際に大切なことは、１つひとつの点を確実に打ち込んでいくことです。そして、それをいつかはつなげて大きな１つの「線」や「面」にすることです。

その瞬間ごとの成功や失敗というのは、人生が引退に差しかかった死ぬ間際に考えればいいことです。というか、あなたの人生の冒険に起こるさまざまなことは、それくらい成功か失敗かはわからないものなのです。

人間、中身がわかっていることだけで人生を過ごそうとすると、何もできなくなってしまいます。ぜひ「わからないのは当然のこと」と想定内にして、コンフォートゾーンを飛び出してください。

それでもまだ人生で正しい選択をしていきたい人もいるでしょう。

ですが、人生では正しい選択をしていくことが大事なのではなく、自分が選択してきた道が正しくなるような努力をしていくことが大事であり、その積み重ねでしか道は開けないのです。

「毎日の目標」が毎日の行動を支配する

コンフォートゾーンの外側に行くためにもう1つ、僕のビジネス人生でのつらい日々を支えてくれた、大好きな言葉をご紹介します。

大正時代の社会教育家の後藤静香（ごとうせいこう）氏の詩『第一歩』にある次の言葉です。

《目標がその日その日を支配する》

何かに挑戦しようとするとき、高く飛ぶためには屈まなければいけないことがあります。「夜明け前が一番暗い」という言葉にもあるように、何かを始めて軌道に乗せるまでには、つらい時期や長い暗闇のトンネルを手探りで進まなければいけないタイミングがあります。

そんなときにすべきは、毎日達成できる小さなことを必ず作り、その達成をコツコツ繰り返すことです。「昨日より今日は少し前向きに考えられた」というようなことでもいいと思います。

世の中には「最初に高い目標やゴールを設定しよう」ということを勧めるセミナーや成

功法則本がありますが、僕はこれこそが一番失敗するパターンだと思っています。

結局、日々の習慣が変わらなければ人生は変わらないからです。

目標が高くても低くても、大事なことは１つです。それは「日々の習慣を変えること」。

日々の習慣を変えるためには、小さいことでもいいのでその日決めた目標を達成し、一歩一歩進んでいくことが一番なのです。


１日なら誰でもできます、ただそれを１週間続けると少ししんどいものです。

１カ月続けるとなるともう少ししんどくなる。１カ月という時間の中では雨が降ったり、遊びに行き課題を忘れるかもしれません。

また別の日には、誰かに嫌なことを言われることもあるかもしれませんし、何も理由はなくてもモチベーションが下がる日もあるでしょう。

それでも自分が決めたルールはやめないことです。

どんなに小さくても良いのでその今日できる小さな課題はこなすこと。他人から見て大した課題でなくてもいいのです。

ただ、嫌なことがあっても乗り気ではなくても、その小さなことを365日続ける人と続けない人とでは、必ず大きな差になってきます。

その小さな一歩が何かが動いていくものであり、気づければ暗闇のトンネルの歩き方を少しずつ覚え始め、苦しい時間の中で突破口を開いていけるものなのだと思います。

1日1歩進んでいくことができれば、365日経ったら365歩進んでいることになります。高い目標を持ってなかなかそれを実現できないより、着実に歩みを重ねていくほうが大きな差が生まれると僕は考えます。

ですから、まずは日々の習慣を変えるために、毎日の小さな目標を作るところから始めてみましょう。達成し続けることがコンフォートゾーンの外側に出る方法でもあります。あなたの毎日の行動も変わります。

朝起きて、コーヒーを飲んで、新聞を読んで、歯を磨いて……と、誰にも日常のルーティンがあるはずです。そのすべてを変える必要はなく、30分でも1時間でも、何かを達成するための時間を取るようにしましょう。

1日30分であっても10日で6時間、1カ月で18時間になります。

もしかしたら、そのためには何かを削らなければいけないかもしれません。

睡眠時間、遊ぶ時間、ぼーっとする時間などがそこには当てはまるかもしれません。ですが、そうやって日々何かを達成する習慣を続けると、必ず暗闇を抜けられますし、いつの間にか高い山に登れていたりするのです。

第4章

ビジネスは「好きなこと」で稼ぎなさい

ビジネスは「稼ぐこと」よりも「好きなこと」で始める

コンフォートゾーンの外側に行くことを決めたら、次にやるのは実際にどんな海外ビジネスを行っていくかを考えることです。

もちろん、ビジネスを新たに始めるのですから稼ぐ必要がありますが、第2章でもお伝えした通り、いきなり大きなビジネスから始める必要はありません。

失敗することは大前提。そこで経験を積むためにも、稼ぐために最初は「稼ぐ目的」でやらないことが大事です。

「それじゃあ本末転倒じゃないか!」

そんな風に思うかもしれませんが、ちょっと待ってください。

ビジネスをするには「稼ぐために儲かるものをやる」よりも「自分の才能とリンクしているものをやる」のが一番なのです。

【富を築くための6原則】の「原則3：『寝食を忘れられる好きなこと』で勝負する」を思い出してください。

では「才能とは何か」という話になりますが、僕はこれを「自分が寝食を忘れて没頭できること」と定義しています。

日本の感覚では、才能と言えば勉強やスポーツや芸術など、ある程度ジャンルの限られた世界のものとして語られがちですが、実際はそれに限らず、ゲームの才能や、何かを収集・管理する才能や、モノを取引する才能など多岐に渡ると僕は考えています。

人間誰しも最低でも1つの才能を持っていて、それが人生100年時代の僕たちが生きていく上での重要なキーワードです。

僕たちは人生を通して「自分の才能が何か」ということを、他者の評価に関係なく、本気で見つける旅をしているのです。もしもこれを見つけることができれば、人生の半分はすでに成功したも同然だと僕は考えます。

その上で、できれば才能は生涯で3つは見つけてもらいたいところです。これは今すぐでなくて構いません。年を経るごとに見つけていけばいいのです。

古代中国の書物『戦国策』に「狡兎三窟（こうとさんくつ）」という故事があります。「すばしっこい兎は隠れ穴を3つ持っていて危険から身を守る」という意味で『史記』にも同じ話が出てきます。

僕は故事が好きなのですが、自分自身が25～35歳までは貿易業、35～45歳までは海外投資に没頭し、そしてこれからの10年間はまた新しいことに挑戦しようとしているように、常に自分が寝食を忘れて没頭できることをバージョンアップして現在に至ります。

自分の才能がわからないなら誰かに教えてもらえばいい

成功したい人の多くは秘訣やコツといった〝近道〟を知りたがるものです。

ですが、実際に成功を収めたいと思うなら、むしろ安易な近道を見つけるのとは真逆の思考になって、他人から見たら非生産的に見えることでも飽きずできることを探すほうが、遠回りのように見えて逆に近道です。

特に勉強が苦手な人ほど、自分の才能をできるだけ早い段階で見つけておきましょう。20歳なら20年、30歳なら30年の人生の中で「最も時間を使ったこと」に着目してみてください。

そこにあなたの才能が隠されている可能性が高いからです。

とはいえ、簡単に自分の才能が見つかるかというと、そうではないこともあると思います。何を隠そう、僕自身が自分で自分の才能には気づけませんでした。

僕に才能を気づかせてくれたのは妻でした。

ドミニカでビジネスを始めて、最初はほう酸団子を売り歩いていた頃です。昼間は日銭を稼ぎながら、僕は夜になると、時差でその時間帯は日中である日本企業に営業のメールを送ったり、知り合った人と貿易の話をしたり、ドミニカで売れそうな商品の開拓をしたりしていました。

時にそれは明け方になるまで続くこともあり、次の日も仕事はあるにもかかわらず、特に苦もなく夜間の〝内職〟をこなし、いいことがあればそれを妻に話したりしていました。

するとあるとき、妻が言いました。

「生活は苦しい毎日だけど、あなたは貿易の仕事のアイデアの話をしているときは楽しそう。きっとそれは天性のものだから、もう一度、貿易ビジネスの世界に飛び込んでみたらどう？」

実はこのとき、僕の中ではあるマインドブロックがかかっていました。

会社員時代に勤めていた会社が貿易会社だったため、同じような貿易の仕事を独立して始めるのは良くないことだと考えていたのです。今でも世の中の企業によっては「退職後○年間は同業を開始してはいけない」という旨の覚書を退職者にサインさせるところがあったりします。

ですが、妻の一言によって僕は「やりたいことをしないと後悔する」と思い、覚醒できました。そこから、ドミニカでの中古車ビジネスを始めたのです。

自分の才能に自分で気づけたとしたら、それはラッキーなことです。

ですが、それが難しい場合は誰かが教えてくれることもありますし、何なら聞いて教えてもらえばいいのです。

人間は「やりたいこと」より「周囲から求められること（期待されて、それに応えようとすること）」をしようとします。もちろん、それが悪いとは言いませんが、それよりは「自分が好きなこと」で勝負すべきなのです。

自分の「好き」をビジネスモデルにするところから始めよう

第3章で「ビジネスモデルは誰かのマネから始めて構わない」ということをお伝えしま

した。同時に「近江商人のような『三方よし』なビジネスモデルを作る」ということも併せてお伝えしました。

自分の好きなことで新しく何かを始めるとき、最初に重要になるのが「ビジネスモデル」と「売る力（営業力）」です。

まずは「ビジネスモデル」についてお伝えしましょう。

ビジネスモデルとは、平たく言うと「誰に、何を、どうやって、付加価値を乗せた状態で提供して収益を得るか、というビジネスの仕組み」のことです。

このように書くと「なんだか小難しい」と思ってしまうかもしれません。ですから、先述のように「三方よし」や「マネから入る」という表現でわかりやすく理解してもらえるよう、お伝えしてきました。

その上で、あと2つ追加すると「マネしづらい」「充分な利益が出る」がビジネスモデルには必要です。

「マネから入るのにマネしづらい」というと、何だか矛盾しているように感じるかもしれませんが、そうではありません。最初はオリジナルで始めるのではなく、すでに市場があるもので参入し、そこから段々と自分独自のものをプラスしていき、他がマネできないものにしていくのです。

そして、利益が出るのは三方よしにもかかわってきますが、相手のインセンティブも重要ですが、自分自身も充分な利益を出せなければ事業は継続できません。これは当たり前のことですね。

さらに、それが世の中にとっても良いものであれば尚よしです。

起業をするとなると、つい「大企業のようなブランドイメージや知名度アップを最初に考えるべき」と思いがちです。

ですが、現在のような独立してビジネスがしやすい環境（ヴァーチャルオフィスがあったり、バックオフィス業務をアウトソーシングができたり、クラウドファンディングで資金を集められるような）が整っている世界で、かつ小さくてもいいから1円でも稼ぐことを念頭に置くなら、大企業的な「資本」「信用」「ビッグデータ」といったものは後回しで構いません。

特に海外ビジネスをするのであれば、取引相手が気にするのは大企業的なものよりも、ビジネスモデルなのです。

インセンティブは「会話の触診」でヒアリングする

ビジネスモデルを組み立てるときにもう1つ重要なものがあります。

それが「相手を儲けさせることができるか」という点です。海外ビジネスでは、相手はあなたの会社が法人（株式会社や有限会社）か個人事業主かということよりも、あなたのビジネスモデルによって「自分が儲けられるか」を見てきます。それは自分の意思決定の要因になってくるのです。

つまり、ここに相手のインセンティブが隠れているわけです。

相手にとってのインセンティブが何か、ということについてはそれぞれの取引先によって変わります。「絶対にこれである」という正解はありませんが、逆に言うと相手の数だけビジネスチャンスが転がっていることになります。

大事なのは、そのチャンスを見つけたときに躊躇わずにつかみに行くこと――「原則2：港から出る船があればとりあえず乗る」を思い出してください。

学校教育とは異なり、社会には正解がありません。正解のない世界では手探りで相手のインセンティブを探り、つかみ取る人が、特に海外では成功するのです。

相手のインセンティブを探るときの手段として、僕がいつも実践しているのは「会話の触診」というやり方です。

触診は、医者が診察の際に実際に幹部に手や指を当てて病気の具合を診断する方法で、視診や聴診や打診と合わせて用いられます。『日経メディカル』には「名医は視診、触診、問診を重視する」という言葉があるくらい重要です。

例えば、ある企業と事業を行うときに、商談に出てきた相手がいるとします。

こちらは明らかに相手にとってメリットとなるような提案をしているにもかかわらず、どうにも手ごたえがない(いい返事が聞けない)。そんなときは「もしかすると相手に決裁権がないかもしれない」と推測できます。

あるいは、その人が決裁権を持っているとした場合、それでもいい返事を聞けないときは何かしらのストッパーが相手にかかってしまっていることもあります。

そういうときは推測するだけではなく、ストレートに「何が決断のストッパーになっているか?」「過去に何か良くないことがあったのか?」といったことを質問したりします。

すると「過去に騙された」などのぶっちゃけ話が聞けたりするのです。

もちろん、このような会話の触診をするには関係性づくりが大切です。見ず知らずの相手にいきなり本音を答えないのは、日本でも海外でも同じです。特に（後述しますが）人種というのは結構大きな壁で、日本人にとって日本人が一番信用できるように、外国人にとっても同郷の人間が最も信用できるのです。

ですが、きちんと関係性を築き信頼関係ができてくると、相手を儲けさせられるビジネスであれば、会話の触診でインセンティブを聞き出すことが可能になるのです。

ビジネスモデルのヒントは前職にも眠っている

２０２１年の２月のYouTube動画をきっかけに、お笑い芸人YouTuberの宮迫博之さんが同じく大人気YouTuberのヒカルさんから資金提供を受けて焼肉屋をやることになりました。

この動画は当初はドッキリ動画だったのですが話は本決まりになり、２０２２年３月に「牛宮城（ぎゅうぐうじょう）」として渋谷に店がオープンしました。

ただ、オープンにこぎつけるまでは紆余曲折ありました。

9月の試食会が大失敗に終わったり、それによってヒカルさんが撤退を発表したり、本来は12月予定だったグランドオープンが延期になったり、新しいコンサルタントが入って店の内装やメニューを刷新することになったり、宮迫さんの背後に黒幕がいることが発覚したり……と飲食の素人目線で見ていると面白いエンターテイメントでしたが、ビジネスをする人間の観点で見ると「やっぱり門外漢なことを丸投げでやると失敗する典型例だな」と思ってしまいました。

ビジネスの世界では「仕組み（ビジネスモデル）づくりが大切」と言われるのと同時に「仕組みを作って人に任せるのも大事」と声高に言われます。

確かに、トップがいつまでも最前線にいたら人は育ちませんし、ビジネスを大きくしていくことや、経営者の重要な仕事である「決断」もやりにくくなります。ですから、「任せること」自体はとても重要です。

ただ、一番失敗するケースが「任せると言いつつ実は丸投げ」してしまっている状態です。誰かに任せるにしても、ビジネスの〝肝〟となる部分はトップが握っていなければいけませんし、任せてうまくいくかどうか、うまくいっているかどうかも見極めていかないといけません。

マネをして市場に参入し、独自性でマネのできない差別化をしていくときでも、トップ自身が隅々までわかっているから「どうすれば差別化し、参入を難しく（参入障壁を高く）できるか」ということが見えるのです。

ビジネスを始めるときには「才能」をヒントにすることをすでにお伝えしましたが、そういう意味で言えば「自分の得意ジャンル」もまた、ヒントになります。

その典型的なのが「前職の仕事」です。

ビジネスの〝肝〟となる部分を瞬時にわかるようになるためには、その業界での積み重ねが欠かせません。僕自身が妻から「あなたは貿易業よ」と言われたから会社員時代に強かった部分に立ち返ってビジネスを軌道に乗せられたように、あなたにも何かしらの「前職（あるいは、得意なこと）」があるはずです。

これを忘れないようにしましょう。

そうすることで、新しいビジネスで成功する確率も上がりますし、仮にビジネスモデルが「才能」から見つけられない場合でも、「前職」に立ち返ることで見えてくるようになるのです。

売る力とは「モノを売り込む力」のこと

自分の好きなことで新しく何かを始めるときに重要になるのは「ビジネスモデル」と「売る力（営業力）」でした。

次に「売る力」についてお伝えしましょう。

売る力を営業力と書くと、もしかすると「モノを売る力」と思ってしまうかもしれません。確かに、商品・サービスは大枠では「モノ」ですので、間違っていないとも言えます。

ですが、僕がここでお伝えする売る力とは「売り込む力」です。

この能力は、あなたの持っている既存のどんな能力ともかけ合わせ、それによって大きな結果を導き出す力になるのです。

売り込む力を別の例で考えてみましょう。

例えば、あなたがパートナーに「ギターを始めたいからギターが欲しい」ということを伝えるとします。すると「お金がもったいない」「どうせ続かないよ」など、何かしらの反対が起こるでしょう。

さてこのとき、あなたはどうしてもギターが欲しいことを、相手に合わせて訴えなければいけません。

「ギターをすることで仕事のストレス発散ができて、仕事の効率が上がるから出世しやすくなる」とロジカルに説明するのか、「学生時代からの夢でどうしてもギターを始めたい」とエモーショナルに説明するのか、「ピアノをやっている君とセッションできるようになりたい」と相手にとってもメリットがあるように説明するのか、方法はさまざまですが、これらの力は「間違いなく「売り込む力」です。

つまり、誰にでも必要な力だと言えるのです。

ちなみに「売り込む力」は、営業マンやビジネスマンだけにとどまるものではありません。

例えば、天才画家パブロ・ピカソは、すさまじい画力と15万点近い作品を残しましたが、売る力でも有名でした。

ピカソは、自分がサインをした小切手をみんなが換金せず手元に残すことを知っていました。要するに、ピカソのサインが入っていれば金額の入っていない小切手そのものが「商品」となったのです。ですから、サイン入り小切手をまるでお金のように使えたことで、ピカソのお金は貯まりに貯まったそうです。

他にも、シャトー＝ムートン＝ロートシルトという高級ワインの1973年モノのラベルはピカソがデザインしています。

しかも、ピカソはその対価をワインで受け取りました。自分の評判が上がれば上がるほど、中のワインの熟成とともにワインそのものを高値にすることができる（それを飲むことも売ることもできる）と考えたのでしょう。

天才画家には天才的な売る力も備わっていたのです。

このように考えると、売る力＝売り込む力は誰にでも必要なことがわかると思います。あくまでも「日本的なセールス業」とは違うということを認識し、このどんな能力ともかけ合わせることができる力を、早いうちから身につけるようにしましょう。

外国語を「話すこと」と「伝えること」は別だと考えよう

売り込む力ともう1つ、どんなスキルとでもかけ合わせられるものがあります。それが

「伝える力」です。

海外でビジネスを始めるとなると、当たり前ですがその国の言語で会話をしなければいけないケースがほとんどです。アメリカであれば英語、僕の住むドミニカ共和国だとスペイン語です。

第３章で、ドミニカ共和国でビジネスを始めた当初の僕が英語を少し話せるくらいで、スペイン語は片言だったことはお伝えしました。電子辞書を片手に商談に行っていたことを今でも覚えています。

もちろん、語学はできるに越したことはありません。後の章でお伝えする海外投資の世界になってくると、確かに英語の読み書きができるほうが何かと便利にはなってきます。

それに、元リクルートで杉並区立和田中学校（東京都）の校長に就任したことでも有名な藤原和博さんの「３つのキャリアの掛け算」という考え方もあります。

これは「３つのキャリアそれぞれで１００人に１人の希少性を身につければ、１００分の１×１００分の１×１００分の１＝１００万分の人になれる」というものです。

この考え方は有効だと思います。３つじゃなく２つでも「１万分の１の人」ですから、すごいことです。

前述の営業力と同様に語学の能力は特に汎用性が高く、他のどのような能力とも掛け合わせることが可能な「キャリアかけ算」をする上では優れものの能力の1つです。

例えば、日本の寿司職人が英語を話せて海外に行けば、海外のどこでも働けます。日本の寿司のレベルは間違いなく世界一ですから、就職するのでも開業するのでも、成功しやすいですし、何より日本で普通に開業するよりもチャンスの数は確実に違ってくるでしょう。

ただ、海外で生き抜く上でもう1つ重要なことがあります。

それは異国の人を相手にするときに、高い語学力で現地の言葉を流暢に「話せる能力」と、あなたの中にある思いを「伝える能力」は必ずしもイコールではないということです。これはハードな国際交渉を何度も経験してきた僕が断言します。

言葉が流暢にできないのはネイティブでない限り当然のことであり、何ら恥じることではありません。

仮に語学力に自信がないなら「伝える力」にフォーカスすればいいのです。

自分の伝えたい気持ち、大事なことをここ一番で伝える。それは片言であっても、筆談でも構わないので自分の思いや考えを何とか伝えたいというひたむきさを示した方が客先には通じるし、喜ばれるものなのです。

こういったアナログなもののほうが国際交渉では重要であり、土壇場の場面や、より重要な局面で本当に試されるのは「伝える能力」のほうなのです。

かつて、１９６０年代のソニー社には変わったキャッチコピーの求人広告が新聞に掲載されたことがあります。海外貿易要員の募集広告でした。

そこにはこう書かれていました。

《英語でタンカのきれる日本人を求む》

僕はこれを本で知り、この「啖呵を切る」という言い回しがとてもカッコ良く、絶妙だと感じました。

日本人は語学が１００％できないと、それを負い目に感じることがあります。

ですが、アメリカにいるすべての人が流暢な英語を話せるわけではありません。それでも彼らは生活し、働き、人によってはビジネスで稼いでいたりします。

ですからあなたも、たとえカッコ悪くても無様でも、自分の考えを真摯に伝えることはできるということを、ここでインストールしてもらいたいと思います。

後発の新参者にとっては「フットワーク」も武器になる

本章の冒頭で「新しくビジネスを始める人たちが大企業のマネをする必要がない」ということをお伝えしましたが、もう1つ、中小零細企業や後発の個人事業者など、新参者の小規模事業者が海外ビジネスで武器にすべきものがあります。

それが「フットワークの軽さ」です。

僕の感覚として、海外において日本の大企業はフットワークが重くなりがちです。現地の支社長でも本国（本社）の課長クラスの権限しか与えられておらず、せっかくの商談の場で商談相手から提案されたビジネスチャンスを「一旦、持ち帰ります」と即断即決ができなかったりします。

他にも、日本からいきなり東南アジアや中南米に飛んで現地の奥深くまで営業をかけることをしなかったり、それによって本来得られたはずの情報を得られなかったり、というハードルが多々あるのです。

そう考えると、小規模事業者は大企業のフットワークの重さを逆手にとって自分たちがフットワーク軽く行動することで、それは武器になると考えられます。

あなたがどのような売上規模の企業を作りたいのかはわかりませんが、今の時代、総売り上げを１００億円の企業にする必要は必ずしもありません。

世界規模のビジネスでなくても「自分の好きな分野」でローカル的に、ニッチ的な市場のパイでビジネスをやれるのが小規模事業者の強みです。例えば、その市場で売上1億円・利益数千万円を出せれば、充分に成功と言えるでしょう。

ビジネスにおいては「とりあえず話してみる」とか「とりあえず会いに行ってみる」というフットワークの軽さがとても重要です。

よく「良いビジネスアイデアを持っている」という人はいますが、「ビジネスアイデアを持っているだけの人」と「実際にそれを実行したことがある人」との間には天と地ぐらいの差があるものです。

仮にそのビジネスを実行して不成功に終わっても「行動した／していない」の差はとてつもなく大きいもので、ビジネスや投資で成功している人はみんな、そのことがわかっています。

多くの人は「ビジネスアイデアがある」「いつかやろうと思っている」というだけで終わってしまいますが、とりあえずまずやってみるという行動力はとても重要なのです。

楽天を創業した三木谷浩史氏は著書の中で「仕事のできる人は皆、フットワークが軽く例外はない」という言葉を書いていましたが、これは僕の感覚でも間違いありません。

僕自身、会社のスローガンに**「巧遅拙速」**を掲げています。

「巧遅」とは出来は良いが仕上がりまでが遅いという、そして拙速は出来は良くないが仕事が早いということです。つまり、上手だが遅いよりも下手でも速いほうがいいという意味です。

自分の会社のスタッフには「ビジネスはスピードが命」「スピードがすべての問題を解決する」「営業能力とは返答能力である」と伝えています。

チャンスをつかむだけでなく、失敗しても素早く動けばリカバリーができ、そうすれば「失敗」ではなくなります。失敗した経験も得られますし、どんどん経験値が高まっていくことにもなります。

また、外国人は相手からの質問の返事をスルーすることが多いので、そこにスピード感を持って返事をするだけで差別化ができますし、取引先や顧客の信頼につながり、いい話が回ってきやすくなるのです。

フットワークの軽さは「運をつかみ取る力」でもある

海外にいると、よく人から「誰かを紹介してくれないか」という話があります。

これは「ビジネスの世界が横のつながりによって成立している」という海外特有の現象かもしれません。

そんなとき、僕が誰かをその人に紹介するのですが、ここでもフットワークの軽さで「仕事ができる人／できない人」の境目が明確に出たりします。

例えば、Aさんからの依頼で僕がBさんを紹介したとします。

このとき、仕事のできるAさんであれば、Bさんを紹介してもらってすぐに会いに行ったり、会いに行ったあとも僕に対して連絡があったりします。

一方で、仕事のできないAさんは、ここがもたつきます。紹介してもらっておきながら会いに行かなかったり、別の人にコンタクトをしたり、話が停滞しがちです。

そして、ここからが重要なのですが、このようなフットワークの軽さは、ビジネスにおける「運」をつかみ取るときにも有効に働きます。

僕は、運を科学的に説明できると考えています。

そもそも運は誰にでもあって、最も平等性が高く、誰でもつかもうと思えばつかめるものです。というよりも「運」というのは我々が想像するよりもはるかに日常的に目の前を繰り返し通り過ぎているものなのでは、と感じています。

ですが実際は、運をつかめる人とそうでない人が存在します。

その差を分けるものは何か？

それは「フットワークが軽いか重いか」なのです。

例えば、10個の運が目の前を走っているとします。その運をつかんでも、成功するか失敗するかは、やってみないとわかりません。

仮に成功率が10％（10個に1個）だとすると、フットワークの軽さで10個の運すべてをつかめる人は、最低でも1回は成功できる計算になります。

一方で、フットワークが重く最初の10個すらつかめない人は、最低1回の成功すら得られないばかりか、いつまで経っても運が巡ってこない（成功の種すらつかめない）ことになります。

フットワークは仕事のできる／できない、信用の置ける／置けないだけにとどまらず、ビジネスにおける運をつかみ取れる／取れないにまで関わってきます。

では、あなたが運をつかめる人になるためにどうすればいいかというと、運が存在しているものだということを認識した上で、それをフットワーク軽くつかみに行く習慣をつけるかどうかです。

1回ダメでもめげずに繰り返せるかどうか。そういう単純な話だと僕は考えています。

「やり切ること」にチャンスの女神は微笑んでくれる

何か新しいビジネスを始めたら、ここまでお伝えしてきたことはもちろんのこと、何より重要なのは「やりきること」です。

何かをすると必ず「結果」が出ます。結果には「良い結果」と「悪い結果」があるものです。どちらにせよ、何かしらの結果が出ます。ただそのときに「これ以上できることはない」というくらいやり尽くすことで、仮に悪い結果が出ても敗因分析ができるようになります。

それが自分の努力不足だったのか、本来好きなことではなかったのかなど、原因がわからなければ次に活かすことはできません。

ですから、やり切ることは需要なのです。

現在では中古車ビジネス（貿易業）や海外投資で一定の成功を収めている僕ですが、だからと言ってこれまでにビジネスで失敗をしたことがないわけではありません。求める結果を出せず撤退したことは何度もあります。

その一例が「英語の先生の派遣サービス」と「不動産の検索サイト」でした。

どちらもうまくいかず、派遣サービスでは50万円ほど、不動産検索サイドでは200万円ほどのお金を使ってしまいましたが、決してムダだったとは思っていません。

例えば、自分のエネルギーが続かなかったことは門外漢なことをしたからだとわかりましたし、サイト構築のためのプログラマーは外注ではなく内製にすべきだったこともわかりました。前者のことは本書の中でも語っており、これはこれで経験則から導き出されたノウハウとして役に立っていますし、何よりもこれらのビジネスを通じて得た人脈が貴重なものになっています。

本当のビジネス人脈は異業種交流会では得られません。「ビジネス人脈はその世界に飛び込んでのみ得られる」という貴重な経験を得ています。

また、貿易業のほうでも僕は1つの市場を開拓しようと思ったら、これ以上の営業先がないほど営業して回ります。

序章でもお伝えしたように、ボリビアのラパスでは危険地帯にまで営業したため強盗の被害に遭う経験もすることになりましたが、そこまでエネルギーを注ぎ込んだと自負していますし、だからこそうまくいったと考えています。

海外投資も同様に、アドバイスを受けて最初に足を運んだのは南米の最貧国のガイアナでした（聞いたことがない国だと思います）。インターネット取引もなく、証券取引場も日本のようなキラキラしたオフィスビルの中ではなく、牛や馬が通るような道端で下着を売っている露店の向かいにあるようなところでした。

ですが、そこまで徹底してやり尽くしたからこそ、チャンスの女神は微笑んでくれたのだと思っています。

何かを始める際には、最初はあまりカッコ良くはいかないと思います。

むしろ地道で、泥臭く、汗をかかなければいけないことも多いと思います。

ですが、チャンスの女神はあなたのそういう姿を見ているのです。そして、そこでやり尽くすまで行動することであなたに興味を持ち、近づいて来てくれます。

「徹底的にやること」を嫌なことにせず、うまくいってもいかなくても、それを自分の糧にする強さを身につけましょう。

市場に食い込むときほど〝鉤爪〟を離さない執念を持つ

徹底的にやることに加えて大事なのが「チャンスが巡ってきた時に一度喰らいついたら何かあっても離さない」という執念を持つことです。特に市場に食い込もうとしているときにチャンスに〝鉤爪〟を食いこませたらそう簡単に離してはいけません。

「三方よし」という言葉を前述で述べましたが、すべての人を笑顔にしていけるようなビジネスはとても大事な精神には違いありません。

ただ、我々ビジネスをする人間が最終的に忘れてはいけないのは結果を出すことに対しての強力なこだわりです。人柄が良いというのは大前提の話です。それらの前提の条件はすでに兼ね備えていて、その上で重要になるのは、やはり結果なのです。

序章でボリビアのラパスで強盗に遭った話をしました。

このときの僕は1回目の訪問で客先が見つかり、クロージングをするために2回目の訪問をしたタイミングでした。そこで強盗に遭い、文字通り身ぐるみ剥がされてしまったのです。

翌日には客先とのミーティングがありました。ですが、資料はもちろんのこと、服もお金もない状態でした。このままおめおめと返るつもりがなかった僕は、ホテルにかけ合って日本大使館に連絡をし、お金を借りてなんとか現地に留まることに執念を燃やしました。

どのような状況であっても結果を出すのがプロ。その積み重ねが自分の会社の強みやブランドになっていく。そう考えたら追い込まれた状況でも頭の中は冷静になり「再度、この状況で今できるベストなことは何か」と思考が働き始めました。

パソコンがなかったのでホテルの隣にあったネットカフェで資料を印刷し直し、それで翌日の商談に臨みました。事情を聞いた商談相手は驚いていました（当たり前ですね）。

実はもう1つ、強盗に遭った経験があります。

それがトリニダード・トバゴ共和国（以下、トリニダード）です。

トリニダードは南アメリカ大陸の最も北に位置するベネズエラという国のやや北にある島国で、公用語は英語。住民はインド系移民やイスラム系のアラブ人、中国人などアジア系移民と他の黒人で構成されています。

自動車のスクラップ部品と中古車をメイン商材にしてビジネスを広げていこうと乗り込んだ僕は、最初の数年は攻略にかなり苦しみました。

それでも年単位の持久戦に持ち込み、ピッタリとその業界でナンバー1だったベンチマーク先を視野に入れながら、競合がミスをするのを待って食い込むチャンスを狙いました。

その後、国際的な原油価格の大幅な下落でトリニダードでは米ドルが手に入りにくくなり、競合がいなくなって多くの客先が僕に頼るような状況になったことで、僕は「訪問しまくって市場シェアをとりつくそう」と鼻息を荒くしていました。

そんな折でした、不運が襲いかかったのです。

ある日、いつものようにレンタカーを借りて客先を訪問し、ミーティング後に車に戻ろうとしたときのことです。車の前に人が立っていました。

パッと見は不審な人ではありませんでしたが、中南米の生活をする上で、車の前に見ず知らずの人が1人で立っているのは「危険」を意味します。格好が目立ち、金回りが良いと見られがちな外国人であるなら尚更です。

ボリビアでの経験からも勘が働き「これはヤバイな、強盗にあとをつけられていたのかもしれない」と悟った僕は、レンタカーの30メートル手前で立ち止まり、さっきまでミーティングをしていた会社に戻ろうと振り返りました。

まさにそのときです。後ろにもう1人の強盗が待ち構えていて「大人しく鞄と財布を出せ」と脅してきました。強盗は2人組だったのです。

すぐさまミーティング先の店の前に立っていた従業員たちを大声で呼びました。彼らも気づいてこちらに駆けつけようとしてくれたのですが、その瞬間に鞄を強引に奪われてしまいました。

ボリビアでの経験から鞄の中には貴重品を一切入れていなかったので被害は大したことがありませんでしたが、問題はそのあとに起きました。

逃走した強盗を客先の従業員たちと一緒に追いかけようとしたその瞬間、強盗の1人が銃口をこちらに向けたかと思うと、間髪を入れずに撃ってきました。驚いて転倒した僕は、そのまま膝を強く地面に打ちつけてしまい、膝の半月板を損傷してしまったのです。

ドミニカに帰国してからも、事件の影響で膝を曲げることができなくなりました。その後、2年ほど痛みが消えることはなく、最終的に手術をすることになりましたがこれを書いている今も後遺症は残っています。

トリニダード市場の獲得と引き換えに負った代償でした。

長い話になってしまいましたが、これらの2つの経験で伝えたいことはどんな目に遭っても「チャンスに一度食い込ませた鉤爪は簡単に外してはいけない」ということです。

現在、自分の会社は中南米の15カ国にも渡る地域でビジネスをするようになりましたが、その拡大の最初の一歩は前述のボリビアという国でした。あの一歩のチャンスをものにしていなかったら、今の自分はなかったと思います。

今でもたまに思い出すことがあるのはあの襲われた場面です。

「あのとき、心が折れていたら」

ですが、そうはなりませんでした。

土俵際から落とされる寸前の場面で自分を支えたのは、どんな状況のときも指針としている大切な言葉「あきらめるのはいつでもできる。それなら何も今、あきらめる必要はないじゃないか。もう少しだけ粘ってみよう。一度市場に食い込ませた鉤爪を簡単に離したくない」という執念でした。

誰もがもうあきらめたり、失速する場面はあります。そこであと1%だけ粘れるかどうか。成功する人とその他大勢の違いはそんなほんのわずかな違いだけなのだと思います。

『ロッキー・ザ・ファイナル』では、ロッキーが息子と言い争いをするシーンがあります。そこでロッキーは息子にこう言います。

《人生ほど重いパンチはない。だが大切なのは、どんなに強く打ちのめされても、こらえて前に進み続けることだ。そうすれば勝てる。必ず勝てる。自分の価値を信じるならパンチを恐れるな》（一部を抜粋）

ボリビアもトリニダードも、どちらも片方の鉤爪を引っ掛け、もう片方を引っ掛けて食い込ませようとしていたときでした。

そうやって市場に食い込んでいくときには、気持ちを折ってはいけません。鉤爪を離さないことでチャンスが広がっていくからです。

日本ではあまりないかもしれませんが、海外でビジネスをすると、それもマイナー国でビジネスをすると、思わぬ危機に陥ることもあります（日本でも精神的に命の危険にさらされることはあるかもしれませんが）。

ですが、そんなときでも1つの市場をつかもうと思ったら、そのビジネスへの執念が必要になってきます。執念を燃やすエネルギーを出すためにも、やはりビジネスは自分が好きなことでやるべきなのです。

第5章

利益を出すために必要なキャッシュ・フローという考え方

キャッシュ・フローとは何か？

現実にビジネスを始めていく場合、それを継続するために最も重要なのが「キャッシュ・フロー」です。

本章では、その辺りを解説していきます。

キャッシュ・フローとは文字通り「キャッシュ（現金）」の「フロー（流れ）」のことで、ビジネスによって実際に発生した収入から、さまざまな経費を差し引いたあとに手元に残るお金の流れのことです。

もう少し噛み砕いてイメージするなら子どものお小遣い帳のようなものです。

当たり前のことですが、出ていくお金が入ってくるお金よりも多ければ「赤字」になり、それが積み重なって回らなくなると企業は倒産します。家計でも同じで、借金がかさむと破産してしまいます。

ただ、「お金がないこと」と「倒産（破産）すること」はイコールではありません。仮に借金をしても、最初に大きな出費があって手元からお金が〝なくなって〟も、そのあとに入ってくるキャッシュが出ていった分を上回っていれば、しかもそれが支払いに間に合えばいいわけです。

まず、このことを理解しておきましょう。

ゲームソフトに目をつけた中学生転売ヤー

僕が初めてキャッシュ・フローを回したのは中学生のときでした。

東京の八王子駅へ遊びに行ったときに、たまたまゲームショップで中古のゲームソフト『奇々怪界』がたった50円で売られているのを見つけました。当時、都心では高額な買取価格のついているソフトでした。

僕はすぐさまソフトを購入し、帰りの道すがら新宿近くのゲーム屋に買い取ってもらい、買った価格の10倍、５００円の利ザヤを稼ぐことができました。

八王子は東京の最西端に位置し、東京駅から特別快速でも1時間近くかかるほど離れていて同じ東京都でも都心とはまた物価なども違う世界です。まだインターネットなどもない時代、東京ではプレミア価格のゲームソフトが八王子では普通の中古ソフト扱いだったのです。

今でも実家に帰ると父がそのときのことを覚えていて「俺や母さんは教師なのに、真治は子どもの頃からそういう商売が好きな子だった」と話してくれます。

僕は利ザヤで儲けたお金を使って、その後も何度か新宿・八王子間で「あるところ」から「ないところ」へモノを運ぶ〝ゲームソフト貿易〟を続けようと考えました。

ところが、八王子のお店には在庫が2つしかなかったため、たった2回で人生初の貿易事業は廃業せざるを得なくなりました。ただ、たった500円とはいえ中学生で初めてキャッシュ・フローを回した経験は、その後の人生で大きな転機となりました。

キャッシュ・フローは難しく考える必要はありません。

「お金がどれだけ入ってきて、どれだけ出て行って、どれだけ残ったか」を表したもの、と考えればいいのです。

その上で、お小遣い帳レベルでからのスタートで構いませんので、キャッシュ・フローを自分の頭で計算して投資をしていく癖をつけることが大事なのです。

クレカがあれば手持ち資金ゼロでも商売はできる

このことを理解すると見えてくるのが、多くの人はビジネスを始める際に「手元に潤沢な資金がないと始められない」という勘違いです。

先述の通り、最初に先行投資でお金が出て行っても、それを回収できる見込みがあればキャッシュ・フローは回ります。

例えば、借金（金融機関からの融資も含む）をしてビジネスを始めたとしても、その借金でビジネスを始めて利子の支払いや返済の期日までに必要なお金を確保できていればキャッシュ・フローは回りますし、その借金は「良い借金」です。

仮に手持ち資金で始める場合でも、ここまででも解説したように、最初は小さなビジネスから始めれば〝潤沢な〟資金は必要ないわけです。

中にはいきなり借金をするのが怖い人もいるでしょう。

そんな場合はクレジットカードを使うのがおすすめです。クレジットカードを使えば、それこそ手持ち資金がゼロ（マイナスではなく）でもビジネスを始められるからです。

僕がドミニカでほう酸団子の行商を始めたとき、最初はAmazonで1パック12個入りのほう酸団子を仕入れてバラ売りしました。

序章でも書きましたが、ドミニカの害虫駆除は消毒液の大量散布で衛生的にも良くないものでしたので、置くだけで良かったほう酸団子は多少の高値をつけても（空輸代もあったので）どんどん売れていきました。

その後は栃木県で問屋を見つけて、本格的にほう酸団子を売り歩くようになっていきました。

クレジットカードで決済ができれば、支払期日までに2カ月近い猶予期間がありますので、それが使える問屋を探し、空輸したほう酸団子を外箱だけデザインし直し、1パック6個入りにして販売して現金を作り、それを支払いに充てていったのです。

つまり、手持ち資金がなくてもビジネスをスタートさせられていたわけです。

ただこれは今から15年以上前の話です。

現在であれば、このクレジットカードを使ったやり方は相変わらず有効なばかりか、例えばクラウドファンディングでお金を集められたり、ビジネスモデルさえ面白ければ投資をしてくれるサイトのサービスがあったりと、昔に比べてずっとお金を集めやすい状況になっています。

プロが厳選したベンチャーに投資できるベンチャー特化型クラウドファンディング「イークラウド」、投資型クラウドファディングの「Angel Navi（エンジェルナビ）」、株式投資型のクラウドファンディング「FUNDINNO（ファンディーノ）」など、Google検索で出てくるレベルでお金は集めやすくなっています。

「手持ち資金がないとビジネスができない」という考えを捨てて、「どこから資金を調達するか」のアイデアを徹底的に考えるほうにシフトしていきましょう。
そのほうが遥かに大事なのです。

借金には「良い借金」と「悪い借金」が存在する

仮に借金をしてビジネスを始めるにしても「キャッシュ・フローが回っていればその借金は良い借金である」と先述しました。

借金には「良い借金」と「悪い借金」があります。

この定義はシンプルで、借金をすることによって返済金利が発生しますが〝返済金利より多くのキャッシュイン〟が発生するのであれば、それは「良い借金」であり、それ以外は「悪い借金」だと考えましょう。

借金というと、そもそも悪いものと考えてしまいがちですがそうではなく、実際は「借りた金をどう使うか」がポイントであり、使い方次第で借金は天使にも悪魔にもなるものなのです。

これは「投資」と「消費」で考えてもいいかもしれません。

例えば、3万円の普通の時計を買うのはただの消費ですが、ROLEXのような高級時計を買うのであれば、それは投資と考えることができます。100万円でROLEXを買っても、それが数年後に2倍や3倍の価値になって売却できる可能性が高いからです(「ROLEX投資」という言葉があるくらいです)。

あるいは、1億円の融資を受けてそれを生活費に使ってしまうと消費になりますが(そんな人はいないかもしれませんが)、中小ビルのワンフロアを購入し、企業の事務所として貸し出して賃料収入を得るのであれば投資になります。

僕の知り合いにも投資目的でフェラーリを買っている経営者がいます。

フェラーリなどの一部の高級車やポルシェなどの限定モデルは値下がりしづらく、モノによっては限定であるがゆえに中古になっても新車と同額かそれ以上で売却できるからです。これも「良い借金」のカテゴリーに入るでしょう。

大切なのは損益の計算をきちんとすること

借金を良いものにするのも悪いものにするのも使い方次第なのですが、多くの人がこの辺りを意外とどんぶり勘定で考えてしまっています。

キャッシュ・フローを回すためにも、きちんと計算する癖を身につけましょう。

例えば、マンション投資をするのであれば、そこにはさまざまなコストが発生します。家賃収入というインカムに対して、固定資産税や修繕費用、空室のリスクなど、さまざまなコストが一体いくらかかるかを計算し、現実にいくら残るかまで計算する必要はあります。

このときに1円でもプラスになっていなかったら投資ではありません。この辺りの計算はシビアにすべきです。

ただ、計算自体はそんなに難しいものではありません。本章の冒頭でもお伝えしたように、キャッシュ・フローは子どもの小遣い帳——つまり、小・中学校レベルの計算力があれば充分に可能です。

重要なのは、それを行うかどうか、なのです。

新興国では数字に強いだけで何倍も有利になれる

僕がここまでキャッシュ・フローにこだわり、計算することをお伝えしているのは、海外ビジネス――特に新興国でビジネスをする際には、コスト計算力があればあるほど有利になるからです。

しかも、それは特段に数字に強い必要はなく、普通に数字がわかっていればいいレベルで済みます。僕自身、高校数学が得意なわけではありませんでした。

重要なのは「ビジネスの数字＝コスト計算」であり、それに強いかどうか。見えないコストに注目して、見逃さずにそれを入れていけるかどうかです。

これは日本の大企業の担当者レベルでも見逃されたりします。なぜなら、それは「見たくないもの」だからです。先ほどのマンション投資で言えば空室リスクのような表面化されにくいが確実に存在し、担当者の頭を悩ませるものだからです。

ただ、数字に向き合って真摯に付き合っていけば、それだけで有利になれます。

特に新興国では計算はどんぶり勘定で行われることが多く、日本では考えられないくらいです。

一例として、ドミニカでは基本的に家や車を現金で買う人はほぼいません。ほとんどが金融機関からの借金です。「銀行から多額を借り入れることはいいこと」だと思っているのです。そのお金でいい家やいい車に乗るので、表面上は〝豪華な生活をしている〟ように見えるのですが、実際は家計が火の車だったりします。毎月の利率や支払いまで計算していないのです。これは問題です。

これはビジネスでも同じです。

例えば、中古車ビジネスを始めるとします。当然ですが、車を置いておくための土地が必要になります。土地には坪単価によってコストがかかります。

仮に３０００坪の土地に30台の車を置くとして、１台当たりの１カ月の敷地コストはいくらになるでしょうか？

日本人であれば当たり前に「１００坪×坪単価／月」だということが計算できます。これを頭において販売価格を設定し、販売を行わないとキャッシュ・フローが回らず確実に赤字になります。

ですが、この計算をドミニカの人たちはしないのです。中古車ビジネスは薄利多売なところがあるため、こういった計算はシビアにしなければいけないのですが、していないがゆえに赤字で倒産する人が結構います。

実際に、豪華なオフィスで仕事をして１０００万円前後の高級車に乗っている客先が債務の返済を滞らせていたので弁護士と差し押さえに動いたら、所有財産をまったく持っていなかった、という経験を自分は嫌というほどしてきました。

不動産も車もすべて銀行の担保に入っていて、所有権は銀行にあるため何も差し押さえられるものがない、ということがいくらでもあったのです。

この例だけでも、日本人感覚の数字の強さが、いかに新興国では有利に働くかがわかると思います。

「目先の利益」が重要なのはどの国でも一緒

さらにつけ加えるなら、どんぶり勘定なことに加えて新興国では「目先の利益」を明確に提示しないとビジネスは発生しません。一例をお伝えしましょう。

僕がドミニカで中古車ビジネスを始めたとき、始めてすぐに志をガラガラと崩されるような事件が起きました。最初の発注をしてくれたお客さん（中古車ディーラー）から「オーダーした中古車を全部キャンセルしたい」と連絡があったのです。

理由は、ドミニカ政府が突然発令した右ハンドルの中古車の輸入禁止令のためでした。予定していた日本の中古車（右ハンドル）を輸入するビジネスが、いきなりできなくなってしまいました。

当時の僕は、ほう酸団子を販売したり、中古車販売の講座ビジネスをして多少稼いでいましたが、もっと大きなビジネスを仕掛けていきたい、世界を広げたい気持ちがあり、勝負を賭けようとしていたときでした。

そんな矢先に、法改正によって一瞬で足元を崩されたのです。

正直に言うと、落ち込みました。

ですが数日後、冷静になった僕は起死回生の策として、今度は韓国から左ハンドルの中古車を輸入して販売しようと考えました。

市場とは不思議なもので、市中に出回るビジネス資金というものは行き場を探し続けるものです。

景気が良くても悪くても今回のように何かの問題で1つのビジネスがストップしたとしても、ドミニカ共和国の企業は何かの事業を続けて生き残る必要が出てきます。

そのため市中に出回るビジネス資金は、まるで水が上流から下流に流れるようにどこかに向かい流れていくものなのです。その流れは今どこに向かうのか、その理由は何かを常に考えることが市場全体を見る上で重要になるのです。

今回の場合は「今まで右ハンドルの中古車に投資をしてビジネスをしていた人たちのお金の行き先はどこに向かうだろうか」と考えた末に最初に思いついた策がこの韓国の中古

車ビジネスでした。

ただ、知名度も信頼もなく、しかも韓国車自体が目新しいものだった（当時はまだドミニカに輸入されていなかった）ので、中古車ディーラーたちはコスト計算のイメージができず、戸惑っていました。２００８年〜２００９年頃の話です。

市場は確実にあり、かつ顧客にとっての悩みや課題が見えていた僕は、韓国から左ハンドルの中古車を輸入し販売する際の輸送量や輸送費、輸入税などを数字レベルでつぶさに計算し、資料にまとめて営業をかけました。

すると、中古車ディーラーたちからは「風間はオファーの仕方がすごくいい」と気に入ってもらえ、ビジネスへと発展していきました。

彼らに話を持っていくときに僕がこれだけコスト計算に気を配った理由は「来月、あなたはこれだけ儲けられますよ」という短期イメージ（目先の利益）を明確に意識させるためです。

日本だと「これだけ儲かるよ」と言われると怪しまれるかもしれませんが、基本的にドミニカの人たちは小難しいマーケティング理論や「年間を通してこれだけ儲かる」という長期イメージでは納得してくれませんし、信頼も得られません。

さらに、右ハンドル車が禁止され、今までやっていたビジネスができなくなったのは中古車ディーラーたちも同じでしたので、とにかく〝すぐに〟儲かる方法は大いに歓迎されたのです。

このように考えると、目先の利益を数字レベルで提示することは、世界共通の重要なポイントだと言えるでしょう。

パナソニック（旧：松下電気）の創業者で、伝説的な経営者でもある松下幸之助には次の有名なエピソードがあります。

あるとき、経営幹部が松下幸之助に新製品の提案をしました。幹部は、さまざまな理論を用いて新製品の素晴らしさをプレゼンテーションしました。

長時間に渡るプレゼンテーションを聞き終えた松下幸之助は「それ、儲かりまっか？」と一言尋ねたのですが、経営幹部は言葉に詰まり返事することができなかったそうです。

僕も20代の頃、海外営業で多くの経営者を訪ねてプレゼンをする機会に恵まれました。自分の父親ぐらいの経営者を前にして何かがんばって話題を作らないといけないと肩に力が入った時期もありました。

ですが、それらの経験を通してたどり着いた答えはビジネスミーティングである以上、相手が一番興味を持つ話題は「相手に利益をもたらす話」である、というシンプルな答えでした。

最初は1万円でもいいから キャッシュ・フローを回す

ビジネスでキャッシュ・フローを理解し回していくためにも、ここまでの流れでおすすめしてきた「最初は小さいビジネスから始める」「1円でもいいから稼ぐ経験をしてみる」ということはできるだけ最初の段階、それも早いうちにしておいたほうがいいと僕は考えます。

日本人の多くは「ビジネス＝失敗したら終わり、自己破産して落伍者になる」と刷り込まれたイメージを持ってしまっていますが、もちろんそんなことはなく、起業はもっと気軽なものです。

また、逆のケースとして「起業するのはすごいこと。選ばれた人だけにできること」という神格化してしまっていることもあります。もちろんこれも、そんなことはありませんし、スモールビジネスから始めれば、誰にでもスタートでき、かつ失敗しても小さな被害で済んだり、迷惑をかけずに済むのです。

付け加えるなら「うまくいかない経験値」や「そこでしか得られなかった人脈」も手に入ります。これについても、すでにお伝えしてきました。

キャッシュ・フローを回すためには「お客」を見つけること

キャッシュ・フローを回すために大切なのは「お客」を見つけることです。

僕がほう酸団子のビジネスを始める少し前の話をしましょう。

ドミニカで生きていくことを決意し、家賃やケーブルテレビや電話代などの生活コストを切り詰めていた頃、僕はもともと持っていた貯金を定期預金にして当面のキャッシュインを確保することを実践しました。

当時のドミニカはリーマンショックの影響で逆に金利が上がり、年利で最大18％もの金利がつく状況で、かつ僕はビジネスを始める際に貯金を使わないことを決めていたので、丸ごとそれを定期預金として預け、毎月大体４００ドルくらいの金利収入を得ていました。

ただ、いくら切りつめてもさすがにそれでは生活ができなかったので、常に2週間分の食費を稼ぐためにどうすればいいかを考え、大体月７００ドルほどの固定費を賄う方法を模索していました。

そんな折、妻の友人のドミニカ人が「仕事の関係で田舎から首都サント・ドミンゴに出るので住むところを探している」という話が舞い込んできました。そこで、うちのアパートにあった物置を月150ドルで貸し出すことになりました。

これで不労所得は600ドルほどになり、あと100ドルを稼げば破綻することはないと考えられるようになり、ほう酸団子のビジネスへとつながっていきました。

起業というと「会社を登記する」「名刺を作る」「事務所を構える」など、枠組みから考えてしまいがちですが、実はそれは違います。

大切なのはビジネスモデルを作り、キャッシュ・フローを回していくことです。そして、そのためのお客を見つけることです。ビジネスの規模の大小や、法人や個人といったことはあとになって考えればいい話です。

まずは小さくてもいい、カッコ良くなくてもいいから、キャッシュ・フローが回せる仕組みを考え、行動し、お客を見つけることが重要なのです。

日銭でキャッシュ・フローを回すことは難しくない

ほう酸団子のビジネスを始めたのと機を同じくして、僕はもう1つ別のビジネスを開始しました。ほう酸団子のビジネスは、それはそれでキャッシュ・フローを回せていたのですが、日銭商売でしたし、何より体力的にきつく、病気になりそうだったから、というのも理由の1つです。

そこで考えたの「貿易の講座ビジネス」でした。それも中古車の貿易ビジネスという、ドミニカ人のニーズに合った講座ビジネスでした。

「そんなものがうまくいったのか？」

そう思うかもしれませんが、逆にドミニカ共和国（というか中南米）には就職するための窓口というものがありません。ハローワークもないですし、就職斡旋会社や求人広告が頻繁に出されていることもありません。

日本だと大学で同時期に就職活動をして卒業と同時に一斉就職が常識ですが、それもありません。大学を卒業しても何もしていなければ無職な人が山のようにいるのです。

そこで僕は、中古車ディーラーに就職したいけど伝手もコネもない男性をターゲットに就職への道を開く講座とし、さらに「講座修了証」を発行することで、履歴書に書ける資格ビジネスとしての側面も持たせました。

当時のドミニカでは日本でいう資格ビジネスのようなものが流行っていました。また当時のドミニカでは、中古車関係で働きたい男性がとても多く、人気の仕事でした。そこに目をつけ、世情とニーズをマッチさせたのです。

前職で得た知識をもとにスペイン語のテキスト(と言ってもワードで打った簡易なもの)を手づくりし、ドミニカにあったEマーケットという日本でいう楽天のようなウェブサイトで講座を販売しました。

すると、予想していたより受講希望者がいて、1回の宣伝で4～5人の生徒が必ず来てくれました。

教室を借りるようなこともなく、生徒には自宅のアパートまで来てもらってほぼ毎日授業していました(1回1時間の講義を計3回)ので、かかったのは広告費が50ドル程度で、毎月300ドルくらいの収入を得ることができたのです。

結局、この講座ビジネスは1年ほど行い、当時の僕の生活をかなり助けてくれました。キャッシュ・フロー的にも充分で、前述の金利収入や家賃収入と合計してすでに毎月の生活費は充分にカバーできるようになり、当面の生活が安泰になりました。

さらに、ほう酸団子のビジネスは行商から卸売りのみにシフトしたことで、体力的にもずっと楽になり、日射病で倒れる心配もなくなりました。

このように、日銭を稼ぐレベルで考えれば、キャッシュ・フローを回すことはそんなにハードルが高いことではありません。僕としては、最初はこういうのでも充分だと思っています。

もちろん、カッコいいビジネスかと言われると賛否があるかもしれませんが、ビジネスをしていく人間として最初に考えるべきは、そんなことよりも「自分の専門分野でいかに小さく確実に稼げるか（キャッシュ・フローを回せるか）」なのです。

儲けの構造は「ないところに必要なモノを届ける」

先述の講座ビジネスからもわかるように、日銭を稼ぐことは決してハードルが高いわけではないのですが、かといって〝安易であるか〟と聞かれると、そうではありません。

商売の基本は「相手の悩みを解決すること」です。ほう酸団子も講座ビジネスも、どちらもドミニカに実際に存在していた悩み事を解決するビジネスでした。

特に、海外ビジネスで貿易にフォーカスをしてみると、新しくビジネスを始める際に「自分が売りたいと思っているもの」を売ろうとする人は少なくありません。

その市場にないものを持って行くのは悪い発想ではありませんが、それだけでは成功しないのがビジネスの面白いところでもあります。

その1つの例として、こんな話があります。

『裸足の国で靴を売る』という話です。『アフリカで靴を売る』という話でも語られたりすることがあります。こんな話です。

《ある靴メーカーのA社が新規市場を開拓する先を探し、目をつけた国がありました。早速、営業マンを派遣してチャンスを手に入れようとしました。ちょうどその頃、同じ靴メーカーのB社も同じ国に目をつけ、営業マンを派遣していました。

2人の営業マンはそれぞれ同じ国に到着し、あることに驚きました。その国の人たちは全員、裸足で生活をしていたのです。

その事実を知ったA社の営業マンはすぐに会社に電話をし、こう言いました。「この国の人たちはみんな裸足で生活しています。ですから靴は売れません」。
ところがB社の営業マンはこう言いました。「この国の人たちはみんな裸足で生活していますから、靴を売れば飛ぶように売れるでしょう。大チャンスです！」》

この話はここで終わります。どちらか正解ということはありませんし、どちらも正解だと考えることもできます。

2人の靴メーカーの営業マンはそれぞれの判断をしましたが、もしかしたら撤退をしたA社はチャンスを逃していたかもしれませんし、逆にムダな苦労をせずに済んだかもしれません。大チャンスだと考えたB社は大成功を収められたかもしれませんが、逆にまったく受け入れられなかったかもしれません。

ただ重要なのは、実際に売るためには、自分が売りたいものではなく、そこで潜在的になっているニーズを見つけ出し、それを解決するための商品・サービスを提供する、ということです。

最初のキャッシュ・フローを作るためには、こういうところに注目しなければいけません。海外であれば特にそうです。なぜなら「日本人だったらこう考えるだろう」という常識が必ずしも通用しないからです。

そのためには、フットワーク軽く現地に足を運び、想像力よりも機動力を働かせて現地の悩み事の情報を足で稼ぐことです。

実際に現地に行って悩み事を聞くことで「どういうものが欲しいのか」という明確な商品・サービスのイメージも得られる可能性も上がります。

デジタル商品なら国境を越えて貿易できる

僕は中古車の貿易ビジネスを長年やってきましたので、話がどうしても貿易に寄りがちになってしまいますが、これからの時代は何も「現物」だけがお客の悩み事を解決する商品・サービスとは限らない時代になっています。

現物とは、例えばほう酸団子や左ハンドルの韓国中古車のような〝実際のブツ〟のことです。

僕が海外ビジネスを始めた頃は今から20年近く前なので現物が商品でした。

ですが、今の時代は「デジタル商品」が貿易ビジネスの新しい可能性を秘めていると感じます。

例えば、僕が過去に関わったもので紹介をすると、ある YouTuber 関連の事務所と仕事をしようという話になったことがあります。

日本人 YouTuber たちが紹介するおもちゃ紹介動画などをスペイン語圏に翻訳して発信したいニーズで話は進んでいましたが、結局は編集作業の労力が大変で一旦は棚上げになりました。

他にも、日本のベンチャー企業で、子ども向けのオンライン観光ツアーを日本の市場で行っている企業との話もありました。

世界中の観光地で30分程度の観光ツアーをオンライン上でやるサービスで、自分が利用していることもあって、ぜひスペイン語圏でやりたいと思ったのですが、これも時期尚早でした。

どちらも実現していませんので社名は出せませんが、可能性は感じられます。

というのも、デジタル商品であれば物理的にコンテナに積んで海を渡す必要はなく、インターネットさえあれば瞬時に海を渡れるからです。

もしも、マイナーな国を目指し、そこで営業をできるなら貿易商品になります。しかもこれらのデジタル商品は「これからの商品」として黎明期にあるため、早いうちに手を付けておけば、先行者利益を得られるメリットもあります。

もちろん、黎明期なのでスムーズにはいかないかもしれませんが、海外ビジネスをする際の1つのヒントとして覚えておいてもらいたいです。

「相手の目線に立った自己紹介」をする癖を身につける

海外ビジネスをスタートさせ、キャッシュ・フローを回していくことを考えるときに、小さなビジネスから始めるとしたら、最初のあなたには大きな実績や肩書きというものが存在しないように感じるかもしれませんし、実際にそうでしょう。

ただ、心配ありません。海外においては、日本以上に相手はあなたを「あなた」として見てくれるので、いわゆる日本企業同士のような役職で立場を見られたりすることがないからです。

日本企業の担当者が海外の企業を訪問するときによくやりがちなのが、自己紹介に時間をかけることです。

これ自体は悪いことではありません。ですが、順番が逆なのです。

日本では名刺交換をして、そのあとにパワーポイントや紙の資料などを見せて自社がどんな会社であるか、どんな実績があるか、その上で自分はどういう役職なのか、といったことを紹介します。

訪問した担当者のバックボーンを企業側が保証してくれている日本社会の体質がよく表れている例だと僕は思っています。

もちろん、日本人同士であればこれでも通用する（というか円滑になる）とは思いますが、海外でビジネスをするときには、むしろそんな肩書よりも、まず自分が「そのビジネスや商品、市場をどれだけ知っているか」といったことを最初にアピールする必要があります。

自分の能力、自分の持ってきたビジネスが競合と比べてどれくらい競争力があったり、優れていたり、マーケットに対して優位性を持っているか、ということを最初に伝える――これが海外の自己紹介です。

結局、相手があなた（のビジネス）に対して興味を持ってくれるのは、それが「どれだけ自分の利益になるか？」ということが理解できたときだけです。

ビジネスそのものに興味を持ってもらう前にどんなに自分の自己紹介をしても相手の耳には入りません。すべての客先は「これは商売になりそうだな」と感じて初めて「では目の前にいる相手はどういう人か」とあなたの知っていることに興味を持つのです。

ですから、海外の自己紹介は「相手の目線に立った自己紹介」と言い換えることができるでしょう。〝自社紹介〟はそのあとにすればいいのです。順番が日本と海外では逆なのです。

これは考え方によってはチャンスになります。

なぜなら、誰しも最初にビジネスを始めるときは〝何者でもない〟からです。バックボーンとして頼りになるのは社名ではなく「自分の過去に積み上げた経験やスキル、知識、手腕」などになります。自分に何ができるかによって、何者であるかが決まってくるのです。

ですから、海外ビジネスを行うのであれば、今のうちから自分が何者であるかの棚卸をしておくべきです。

これは日本でこのまま仕事をする際でも使えるかもしれません。市場の中で自分がどんなポジションで、他とどう違うかを明らかにしておけば、どんなフィールドでも戦っていけるのです。

このようなときに参考になるのはＳＮＳでしょう。

海外ではあまり名刺交換の習慣がなく、まったく知らない国で飛び込み営業をするようなときでもない限り使いません。

しかも、ＳＮＳでつながるようになったら名刺は捨ててしまいます。これは日本でも同じところがあると思います。

Facebook や WhatsApp（ワッツアップ：アジア圏で人気のＳＮＳ）や LinkedIn（リンクトイン：世界最大級のビジネス特化型ＳＮＳ）といった世界レベルのＳＮＳを今のうちから始めて、そこで自分の強みや実績をきちんと投稿し、履歴を残しておくのがいいでしょう。

自己紹介をするときのネタにもなります。

第6章

「海外で生きるコンパス」を作るためのセオリー

お金が流れる「富の川」の中に立とう

ビジネスにおいては「富の川」と呼ばれるものが存在します。それは、あなたの事業を飛躍的に成長させるビジネスのことです。かつての4大文明が太い富の大河に居を構えることで古代人が作物を育て、街を作り、都市を形成したように、あなたの会社は収益が増え、信用が育ち、さまざまなチャンスに恵まれるようになるのです。

僕も「左ハンドルの韓国車の輸入販売」という富の川に出会ってから、ビジネスを大きく成長させることができました。まず扱う商品の単価が上がり、収益性が向上しました。そして、自分の店舗を持ち、それを広げ、後にハンドル改造車の三角貿易や自動車部品の販売にもつなげることができました。

さらには、中南米の15か国に商圏を広げ、その国の人々と強い絆で結ばれて、序章でお伝えしたように、南米の客先から生まれた子どもの「名付け親」を頼まれるようにもなったのです。

とはいえ、最初からすべて順風満帆だったわけではなく、たくさんのトラブルに見舞われました。

日本の中古車を売ろうとしていた矢先に政府から「右ハンドル車の輸入禁止令」が出されたり。初受注でお客さんから前金を1円ももらえず、全財産をつぎ込んで仕入れのための先払いをしなければならなかったり。80台もの軽トラック・軽バンの「超大口受注」が来て自分1人で韓国に出向いて全部集めなければならなかったり。やっと掻き集めた車が出荷直前でコンテナに入り切らず、詰め込むための「3Dパズル」に苦労したり。

しかし、それでも妻に背中を押されて中古車の貿易に挑戦して正解でした。

起業したばかりの頃は、手あたり次第にお金になりそうなことをやってみる人が多いと思います。僕もほう酸団子の販売から始め、下宿や貿易講座などのスモールビジネスをいくつも起ち上げました。

これは川に例えると小川のようなものです。

しかし、一度流れ始めると、次第に深く土地をえぐっていきます。そしていつしか小川は大きな川＝大河になるのです。「高単価×安定収入」でビジネスを大きくするために、ぜひあなただけの「富の川」を探す冒険に出ましょう。

最初から分散で複数の国でビジネスを始める

最初は小さくビジネスを始める、ということをここまでに何度もお伝えして来ていますが、もしも海外ビジネスで貿易業を始めるのであれば、小さくても構いませんので、最初から複数の国で同時に多角化をすることをおすすめします。

そのほうが富の川は形成しやすいからです。

キャッシュ・フローを回す話ともつながりますが、最初はいくらかの出費は必要になるでしょう。手持ち資金ゼロでクレジットカードから始める場合であっても、支払いに猶予期間が設けられているだけで、お金が出て行っていることに変わりはありません。

つまり、大なり小なりのコストはかかる、ということです。

それならば、むしろ最初から複数の国で同時に同じビジネスを行っていくほうがコストも割安になり、効率も良くなります。

さらに言うと、海外の場合は文化圏が似ている近隣国がいくつも存在します。

日本と中国と韓国では同じアジアでも文化や風習や言語などがまったく違ったりしますが、例えば東南アジア圏のタイでビジネスを始めるとしたら、周辺のベトナムやカンボジアやミャンマーだと文化が似ているので、タイでうまくいったビジネスをそのままスライドしてうまくいく可能性が高いのです。

何かを仕入れる際にロット（1回で生産する製品数量のまとまりのこと）を上げられるので、輸送コストも抑えることができ、利幅が上がってキャッシュ・フローも回しやすくなります。

実際、このような考え方は海外でビジネスをしている日本人にとってはほぼ常識的なことになっていて、意識的／無意識的を問わず行われています。

1つのビジネスで複数の国を股にかけることで、各国で生まれたコミュニティ（人脈）をつなげることができますし、他国のコミュニティをつなげることによってそこから新しいビジネスが発生することもあるのです。

また、新興国の場合は政治的リスク、経済リスク、戦争リスクなど海外特有のリスクが常についてまわりますので、リスク分散をする意味でも複数の国で展開することは重要です。

また、そのようなことを想定して、決算システムも学んでおいたほうがいいでしょう。各国で送金システムが違っていることもよくあります。

ですから、世界最大手のオンライン決済サービス「PayPal（ペイパル：世界200以上の国と地域で利用可能、100通貨以上に対応）」はマストですが、それ以外にも各国でよく使われている決済サービスや、それこそ暗号通貨による決済も視野に入れていろいろと試す癖をつけておきましょう。

海外送金は1回の送金で数千円の手数料がかかることも多く、そうなるとあまり低単価なものは売れなくなります（もしくは賄えるだけの販売数が必要）。

利幅を上げるためにも、複数の国で同時多発的にビジネスをするだけでなく、決済コストもアカウントを開設して試しておきましょう。

海外ビジネスで大切なのは縦よりも「横のつながり」

複数の国を股にかけることで、生まれたコミュニティをつなげる、ということを前項でお伝えしました。

僕はコミュニケーションには「縦のつながり」と「横のつながり」の2つがあると考えています。前者は日本的な1つの組織内での上下関係のつながりです。安全ではありますが、海外では向きません。

海外ビジネスで成功をしようと思ったら、むしろ重視すべきは後者の「横のつながり」が大事です。複数の国で生まれたコミュニティをつなげていくことは、まさにこの「横のつながり」を紡いでビジネスを大きくしていく、ということに他なりません。

特に、20年近く中南米を中心に海外ビジネスをしていて思うのは、中東のアラブ系やインド系、中国の「華僑」と呼ばれる連合体や韓国系の人たちは、ビジネスパートナーという横のつながりを作る技術に長けていて、自分たちのビジネスをレバレッジをかけて大きくしている、ということです。

かつて、僕もそこに学ぼうとした時期があり、彼らと組んでビジネスをしたことがありました。

ただ、そのときに感じたのは「異国人としてのハードルの高さ」でした。僕は日本人ですから易々と彼らの中には入っていけないケースが多々あるのです。

誠実な努力を続け、結果を積み上げさえすれば認めてもらえる、という日本での経験が通用しない世界もあるということを学びました。

ただ、まったく不可能というわけではなく、このハードルを乗り越え、横のつながりを構築していくための鍵があります。それが第3～4章でお伝えした「相手へのインセンティブ」です。

この場合、インセンティブは「相手への利益」と考えてもらって構いません。

自分が相手にどんな利益を与えられるか、どういう人脈をつなげれば相手の利益になるか、といったことを考えながら行動することで、相手にとって自分が「必要な人間」となり、横のつながりが生まれていくのです。

ちなみに、相手のインセンティブを考えることは「スキル」ですので、誰でも身につけることができます。

インセンティブというと相手の物やお金の利益だけではなくさまざまなものがあり、それは「相手により異なるもの」で相手への注意深い観察が必要になります。

単に話し相手が欲しいという相手もいるかもしれませんし、フットワークの良さや、単に「この人と話が合う」と感じてもらえる、というのも立派なインセンティブになったりします。

また、他にわかりやすい有効な方法の1つとしては「人を紹介すること」もあると思います。

ある人にとってインセンティブになる人物を紹介することは経験値として蓄積しやすく、やがてそれはあなたのインスピレーションを鍛えていきます。

未知の人と出会ったときに「これはうまくいく（大きなビジネスになる）」という感覚が磨かれやすくなりますし、逆に「これは難しい」という感覚も磨かれます。

インスピレーションというと山勘のようなイメージがあるかもしれませんが、まったく違います。経験に裏打ちされた確信のあるひらめきのようなものです。


さらにもう1つ、ハードルを乗り越え、横のつながりを構築していくための鍵となるのが「わかりやすさ」です。

裏表がなく、自分を適切にオープンにできる人は、相手にとってわかりやすく、信用しやすい人物です。プラスの部分だけでなくマイナスの部分も開示できたり、変に自分を大きく見せることなく、等身大で相手の利益を考えられる人が好まれるのです。

誰でも「何を考えているかわからない人」とは近づきたいとは思わないものです。特にビジネスでは、それでトラブルになったりすることもあります。

同じ日本人同士であれば「阿吽の呼吸」でうまくいくこともあるかもしれませんが、海外ではそれは「まずないもの」と考えたほうが賢明です。

自分も相手も、余計な不安やトラブルを抱えこまないためにも、あなたがまず「わかりやすい人」になりましょう。

〝その他大勢〟から抜け出す「情報をつなげる力」

相手のインセンティブを考え、横のつながりを広げていくことは、何も「人（人脈）」だけにとどまる話ではありません。

自らが持つ点としての「情報」をつなげる力を持っていると、プラスαの付加価値をつけられ、独自のビジネスに発展したり、大きなビジネスにつなげていくことができます。そうすることで、あなたは〝その他大勢〟から「一緒に仕事がしたい人」になれるのです。

僕自身の富の川が大河になったきっかけは、貿易ビジネスを始めることを決断し、左ハンドルの韓国中古車の輸入を仕掛けたことでした。

その後も、L.A.に住む友人からの提案でアメリカから輸入される車のフランチャイズビジネスを起ち上げたり、さらにそのフランチャイズでは代理店を通さずにダイレクトにエンドユーザーへ届ける仕組みを構築したりと、僕はドミニカ国内での加盟店を増やして、自分のビジネスの土台を作り上げていきました。

そんな折、僕は人の紹介を経てパキスタン人のビジネスマンと知り合うことになり、彼に紹介されたアラブ人から「日本の中古車を左ハンドルに改修して売りたい」という話を受けます。

こう聞くと、違法改造のようなことをしたように聞こえるかもしれません。

ですがそうではなく、もともとドミニカでは右ハンドルの中古車が輸入されても、ドミニカ国内でペルー人によって左ハンドルに改修され（元から左ハンドルの車だと言われても遜色ない出来栄えになります）公道を走っていました。

ちなみにこれは中南米の市場では一般的に行われていることです。

ただ、すでに右ハンドル車の輸入が禁止されたあとでしたので、アラブ人からのオファーを受ける際、ドミニカではない別の国で一旦改修して輸入する必要がありました。

そこで、紆余曲折あって南米のチリで改修を行うことになったのです。

この日本→チリ→ドミニカの「三角貿易」は功を奏し、年商0からスタートしたビジネスは月間15本のコンテナ出荷が出るビジネスになりました。

他にも、第4章でトリニダードでのビジネスの話をしましたが、自分の販路を構築するまでの数年間は苦労の連続でした。

その1つがトリニダードの経済危機でした。2014年から起きた国際的な原油価格の大幅な下落です。トリニダードはカリブ海で唯一豊富な原油と天然ガスの資源を持つ国であり、それらが輸出産業の80％を占めるのが特徴的です。

そこに国際的な原油価格の大幅な下落が起き、加えてアメリカでシェールガスの発掘があったことでアメリカも輸入を控えるようになり、2015年の後半ぐらいからトリニダードで輸入の決済に使うための米ドルが手に入りにくくなって金融危機が起き始めたのです。

海外決済は必ず米ドルを使います。トリニダードで米ドルが手に入りにくくなったということは、お客（この場合は僕）への支払いが滞ることになります。実際荷物を届けても2カ月も支払われない事態になりました。

その危機を救ってくれたのが、当時はまだ投機目的の商品ではなかった「ビットコイン」でした。当時のビットコインは「ビットコインを使って支払いができる世界を実現する思想」がメインでした。

当時からビットコインに興味を持ち、コミュニティに参加していた僕は、知り合いのアメリカ人から提供を受けた「クレジットカードでビットコインを購入するシステム」を使ってトリニダードの取引先にビットコインを買ってもらい、それで僕に支払ってもらうようにしたのです。

経済危機が起こるとお金の代わりになるものが流行ります。当時はそれがビットコインでした。トリニダードで成功モデルができたことで、他の国の取引先からも「ビットコインを調達してほしい」という話が増えていきました。

トリニダードでは後発の僕でしたが、気づけば市場の多くのシェアを握るまでに成長させることに成功しました。年商も1200万円くらいだったものが売り上げ2億円くらいのビジネスになったのです。

この2つのエピソードは、どちらも単純な売り買いに「チリで左ハンドルに改修する」「ビットコインを使った決済に切り替える」といったプラスαの付加価値をつけた例です。

大切なのは「いろいろなものをつなげる」ということです。

つなげるのは何も人脈だけでなく情報も然りです。僕は今でも自分のビジネスと無関係であっても何か新しいことを学ぶことは非常に好きです。そして、常にプラスαの付加価値を考え、まったく関係のない情報や人であってもそれをつなげることでどんな面白いビジネスができるかを無意識に考える癖がついています。

そうすることで、平凡な〝その他大勢〟のビジネスから抜け出せるのです。

1つの成功には「縦の展開」と「横の展開」がある

別章で「ビジネスは99回失敗しても最後の1回で成功すればチャラにできる」「うまくいかなくても経験を得られるから早く成功に近づける」という意味合いのことをお伝えしてきました。

ここにさらに付け加えるなら「1回の成功には2つの展開が秘められている」ということが言えます。これは「成功で得られる2つの資産」と言い換えることもできます。

その2つの資産は何かというと「成功のルート」と「成功する市場」です。それぞれを僕は「縦の展開」と「横の展開」と呼んでいます。

縦の展開とは販売ルートです。1つの成功で販路を手に入れることができれば、そのルートを使って別の商品を売ることができます。

例えば、先述の日本→チリ→ドミニカの三角貿易で販売のためのルートを獲得したあと、そのルートを使ってチリに自動車関連部品を売りにいくことができました。チリは南米の市場の玄関口であり、ボリビア、パラグアイ、ペルー、ブラジルまで商品が流れていくのです。

横の展開とはその商品の市場です。１つの商品が売れたら、つまり「市場がある」ということですから、まったく同じやり方で周辺国でも水平展開（横展開）をして売ることができます。

新規開拓をする必要はなく、売れている＝競争力があることなので、周辺の国へ一気呵成で攻め込むことができるのです。もちろん、１００％成功するとは言いませんが、別の国でゼロから始めるよりはずっと成功率は高いでしょう。

さらにもう１つ言うなら、何度かのチャレンジを経てついに成功したビジネスがあるとすれば、そのビジネスはあなたにとって〝一番向いている〟可能性が高いと考えることができます。

ですから、そこへ全集中することでビジネスをもっと大きくしていくことが可能になるのです。そこで変に下心を出して他のことをやろうとすると、結果、最初の成功で得た利益を失ってしまいかねません。

僕が20年のビジネス生活を通して見てきた成功者の共通点は「自分の成功できる領域を理解している」ということです。

成功者は傍目には「どんな事業でも成功できる天才」のように見えるかもしれませんが、自分を含めて決してそんなことはありません。

常に新しいことにチャレンジはしていますが、それでも手を出すべき分野と、手を出してはいけない分野の分別はついているのです。決して「何でも俺は成功できる」などと傲慢にはなっていません。

富の川を大きくするのであれば、一度成功して得た「自分にとっての成功パターン」を理解し、縦と横の展開でそれぞれ掘り下げて、浮気をせずに集中することが大事なのです。

然るべきタイミングで海外投資を始めよう

富の川を作るときにビジネス一本でやるのも1つの方法ですが、僕としては、小川を大河にしていくためには然るべきタイミングで海外投資へと目を向ける必要があると考えています。

第3章の【富を築くための6原則】で「原則5：海外投資の知識を身につける」「原則6：『お金を生む資産』を手に入れる」とお伝えしましたが、海外投資はまさにこのゾーンの話になります。


日本には医療保険や国民年金のような、素晴らしい社会保障制度があります。

一方で海外――特に新興国などではそのような制度がありません（アメリカやイギリスのような先進国にはiDeCoのようなシステムがあったりします）。

ドミニカで生きていくことを決めた当時、僕は「こんな国でどう生きるコンパスを作ればいいか」ということを真剣に考えました。そして、ハイパーインフレやクーデターやデフォルトなどのカントリーリスクがある国において、そのコンパスは「貯金ではない」と判断しました。

そして、ドミニカや他国のお金持ちのマインドを研究した僕は、その中で彼らが作ったお金を何かしらに投資していることに着目しました。

作ったお金を不動産や株、国債に投資したり、事業へ共同投資したり、外貨金融への投資など、ドミニカペソ通貨以外へ投資したりすることが日本に比べて盛んで、それが貯金より重要視される傾向があることに気づいたのです。

とはいえ、いきなり海外投資と聞くとハードルを高く感じるかもしれません。

ですが、実際はそんなことはないのです。海外投資は実は簡単で、証券会社に口座を開くだけです。日本からだとＳＢＩ証券のような証券会社がありますが、そこに口座を作り、お金を預けるのです。

例えば30万円稼いでいるのであれば、そのうち10万円を海外の証券会社の口座に移す。海外の証券会社であれば、銀行としての役目も果たしてくれますので、金利もつきます。

そこから何に投資するかを選択します。初心者であれば、口座を開いたら株式の一覧をもらえますので、そこから選んで買えばいいでしょう。


慣れてきたら今度は株式一覧を閲覧できるＷｅｂサイトがありますので、それを見ながら自分で買っていくようになると思います。

海外だと、ＥＴＦ（上場会社の投資信託）でも株式でも債権でも一覧できるＷｅｂサイトがあるのです。しかもそれは特別なところではなく、誰でも閲覧できるものであり、要するに検索してみるかどうかの問題です。

僕の場合は、始めたての頃はパナマで口座を開き、担当者がメールで送ってきた中南米の債権を見ながら利回りの良さに驚きつつ、海外の国債を買ったりしていました。

そこから海外投資の世界にのめり込んでいき、慣れてきたら「Bonds.com」というイギリスの会社でアカウント登録をし、世界中の株を買うようになりました。

もちろん、いきなりそのレベルへ行く必要はありません。

「お金を生む資産」を手に入れるための第一歩として、作ったお金を資産として活用する海外投資を考えてみてください。

「高利回りはお金持ちだけのもの」という嘘に騙されないで

海外投資をする際に「したことがない」という不安もあるかとは思いますが、同時に「そういうのはお金を持っている人だけのもの」という思い込みもあると思います。特に「高利回りのファンドは特定のお金持ちや限られた人のところにしか情報が行かない」と思っている人は少なくありません。

ですが、僕からすればこれは嘘の情報に騙されているにすぎません。

そもそも、日本は株投資が進んでいない国ですし、日本でメジャーな投資信託でも利回りが1％程度だったりします。これは海外ではあり得ないレベルでファンドの利回り平均で7〜8％などは普通に市場で出回っています。

つまり、投資すべきは日本よりも海外です。

そして、このような情報は今や普通にネット上に転がっていたりします。

例えば、日本だと『モーニングスター』という投資信託や株式の検索サイトがあったり、海外でも『ファイナンシャル・タイムズ』のサイトへ行けば、マーケット情報を利回り順で調べられます（英語力は必要ですが）。過去5年間の利回りのいいファンドや、資産運用規模が高いファンドなどを検索で調べられるのです。

決して、高利回りはお金持ちだけの限定情報ではありません。

そうやって海外投資の情報を得たら、例えばアメリカであれば「バンク・オブ・ニューヨーク・メロン」が投資用の口座を受け付けていたりしますので、そこで口座を開きましょう。

中南米の代表的なオフショア（非課税地域）であるウルグアイやパナマ（スペイン語圏のオフショアエリア）は今のところ外国人でも投資口座を開けますので、そこを経由して口座を開ければ直接、自動的に世界中の株やファンド、海外債券などを買えます。

そして、実際に投資をしていくわけですが、僕としては、最初はローリスクな国債から始めるのがいいと思います。

国債でおすすめなのはS&Pの格付けの良い国々です。ハイリスクでない、投資適格の高い国債からまずは購入してみるのがおすすめです。

その他にもインドやインドネシア、ナイジェリアなど成長性が今後高く長期投資に向いた国はまだまだありますので、ETFや個別株など情報を集めてみましょう。

そういった国々に1万円からでも構いませんので、毎月の貯金感覚で積み立てていくのが大切です。

ただ最後に、投資で重要なのは「100%儲かる投資というのはない」ことです。これを理解した上で、必ず自己責任でお願いします。

海外投資にはチャンスもあるがリスクもある

第4章で海外投資のアドバイスを受けて南米の最貧国のガイアナに足を運んだ話をしました。僕が初めて海外の証券会社で口座を開いたのがこの国でした。

例えばガイアナのような、日本人の誰も知らないような国へ行くと、ビジネスだけでなく海外投資でもチャンスが転がっていたりします。当時の僕は飲料水の瓶を作っている工場の株を1株100円くらいの価格で買いましたが、今ではそれは20倍くらいに跳ね上がっています。

他にも、ビットコインがまだ黎明期だった頃に、ベネズエラで無料だった電力を使ってマイニングをしてビットコインを獲得しました。今や投機商品として価格の乱高下が激しいビットコインですが、これもかなり初期の頃に手に入れることができたので、大きなチャンスになりました。

このように海外投資にはチャンスがたくさんありますが、1つ注意してもらいたいのは、そういった国には必ずカントリーリスクがある、ということです。クーデターが起きたり、法律がガラッと変わったり、ハイパーインフレが起きたり、ということです。

僕の場合はナイジェリアのETFを昔から買って仕込んでいましたが、ナイジェリアに内戦が起きてETFが勝手に分割され、価値が半分になりました。

ベネズエラのビットコインのマイニング事業は、ベネズエラの大統領が法令を変更したことでマイニング用の機械が港ですべて差し押さえられてしまうということもありました。

他にも、自分がよく理解していない儲け話に安易にお金を預けてはいけません。こういったこともリスクの1つだと考えましょう。

海外投資では「投資代行サービス（自分の代わりにお金を預かって、海外の証券口座を開いて投資をしてくれる）」は間違いなく詐欺だと思っていいくらいです。

海外投資をするのであれば、必ず自分で口座を開くことです。

そのために通訳を雇う選択を考えるべきです。もしくは、自分で英語力をつけるのもいいでしょう。

「日本人」という国籍ガチャSSRをフル活用しよう

本章では海外ビジネスだけでなく海外投資についてもお伝えしましたが、最後にお伝えします。

海外ビジネスをしていく上で、今あなたが日本人としてこの本を読んでいるのであれば、ぜひとも「日本人であること」をフル活用しましょう。

2021年の9月頃から、日本では「親ガチャ」という言葉が流行しました。

生まれや育ちや容姿や能力（才能）など、努力ではどうにも埋められない差を家庭環境や両親に左右されるものと認識して例えた言葉です。

ですが、僕から言わせれば、日本人として生まれ育った時点で、すでに海外ビジネスの世界ではものすごいアドバンテージを得ているのと同じです。俗っぽい言い方をするなら、日本人というだけで「国籍ガチャでSSR（最高位のレア度）」を引いたようなものなのです。

本書の冒頭では「日本人の村人観」についていろいろと書きました。

ですが、僕が海外ビジネスをしていて痛感するのは、つくづく日本人であることで優位に働くことが多かったり、信頼されたり、相手からの期待値が高かったり、逆に海外の人が〝日本人の観点では〟いい加減だったり、信用が置けない、ということです。

それはビジネス以外のちょっとしたことでもそうです。

例えば「洗濯機が壊れたから修理してもらう」という程度のことで、相手から「わかった」と返事をもらったとします。

日本でそのような展開になれば99％の確率で時間通りに業者がやってきて、しかもきっちり直して帰ってくれます。ですが、海外ではその確率はそんなに高くありません。仮に「わかった」の返事に少しでも違和感（自信がなさそうだったり）があったら、ほぼ100

%まともに遂行されません。

そういう「相手への期待値が低い」世界なのです。「相手への期待値が低い世界」ではビジネスでも投資でもあらゆることで日本とは戦い方が変わりますが、その中で「期待値が高めの日本人」が入るとそれだけで頭ひとつ抜けるのです

第2章で僕が会社員時代に社長から「ドミニカ人は日本人から買いたいんだ」と言われたことをお伝えしましたが、一緒にビジネスをすることには国籍のハードルがあっても、「モノを買う」という部分では、やはり日本人は世界一信頼されているのです。

つまり、日本人として生きてきたことが「最強の商材」なのです。

ぜひ、海外ビジネスを始め、それを大きくしていくことを考えるのであれば、あなたが日本人であることを積極的に活用してください。

どの国に行っても、最初は人脈がなくても、体当たりで行けば、1週間なら1週間の成果がきちんと出ます。思っているより大きな成果が出ることもあり、それは日本人としての信頼があるからです。

「自分は日本人である」「日本製品を売っている」「日本人が経営のトップである」ということは絶対にアピールすべきなのです。

第7章

海外ビジネスのトラップを回避する方法

海外では簡単に人を信用する人は足をすくわれる

ここまで日本人が海外ビジネスをする上でのメリットやベネフィット、その始め方や考え方など、さまざまな「良い面」をお伝えしてきました。

ただ、海外ビジネスは良いことばかりではありません。

外国人が日本に来てビジネスを始める際に言語の壁や制度の壁などのハードルがあるように、日本人が海外ビジネスをする際にも日本の常識ではは かり切れない「落とし穴＝トラップ」が存在します。

本章では、僕が20年近い海外ビジネスの経験をしてきたことをもとに、そのトラップを回避する方法をお伝えしましょう。

まず、海外においては安易に人を信用してはいけません。

日本人の感覚だと「多少、変わったところがあってもそれは個性で、仕事はちゃんとやってくれるだろう」という同族間の〝担保〟のようなものがあるかもしれませんが、海外ではそれは「ないもの」と考えたほうがいいです。

序章にて、僕がドミニカで中古車販売の事業が軌道に乗り、自社店舗を起ち上げてマネジャーを雇い、任せていた話をしました。しかし、このマネジャーは会社のお金を横領していたのです。

序章ではこのくらいまでしかお伝えしませんでしたが、その後、このマネジャーとは5年に及ぶ裁判沙汰になりました。

しかも裁判でも、このマネジャーは往生際が非常に悪く、本来ならすぐに判決が出るような事件が散々引き延ばされたのです。

5年に及ぶ詐欺・横領事件の裁判

裁判のことをすべて書こうと思うといくらページがあっても足りませんので、ここでは掻い摘んでお伝えします。

まず僕は、マネジャーの明らかに詐欺罪になる証拠を数日かけて手に入れ、裁判所に訴状を出しました。僕としては「横領した全額を返してくれるなら起訴を取り下げてもいい」と考えていたので、最初は和解協議に持ち込まれました。

ですが、しっかりと証拠を揃えマネジャーを言い訳できない状況にまでしていたにも関わらず、相手からは「自分は業務上横領と窃盗に関与した覚えはない。完全に濡れ衣であり、逆にこちらが名誉を毀損されている」と主張してきました。

唖然とする展開でした。相手にはまったく和解の意思はなかったのです。

これはドミニカ人に限った話ではないと思いますが、特にドミニカ人はなかなか自分の非を認めない傾向が強く、常に「自分は悪くない」という姿勢を貫いてきます。

罪状を認めて情状酌量を取りにいく発想は、多くのケースでありません。実際に他の件でも、話し合いでは問題を解決できないのが僕の実感です。この辺りは日本人の常識とはかなり異なりますので面喰らうところだと思います。

このマネジャーの場合は、和解が成立しないとわかると、次は「引き延ばし作戦」を行ってきました。引き延ばせるだけ引き延ばすのは、訴えられた側の常套手段の1つです。

半年ほど引き延ばしをして、裁判官が警告を出し始めるとようやく翌月に再開されますが、それでもマネジャー本人は来ずに弁護士だけがやって来たりと、まだ引き延ばしを続けてきました。

さらに、原告(僕)と被告(マネジャー)が揃っても、今度は証人が裁判の日に出頭できない事態も重なって、結局ほとんど進まないまま2年の月日が流れました。

話はここで終わりません。

3年目に入ると、今度はマネジャーの弁護士から「原告の証拠書類には重大な不備があると」いう指摘があり、これが裁判官に認められてしまいました。

3年にわたる裁判はすべて無効で差し戻しとなり、次からは裁判官も全員変更した上で1からまた裁判を開始することになり、さすがにこのときは僕も落胆しました。

裁判が進まないどころか、やり直しになってしまったからです。

4年目に入る頃には費用の関係でマネジャー側の弁護士が国選弁護士に変わり、露骨な引き延ばしはなくなりましたが、それでも今度は別の問題が浮上しました。

僕の記憶力の問題です。

すでに事件が起きてから3年以上が過ぎていました。人間、そんなに時間が経つと当時の記憶は曖昧になるものです。そこに例えば「何月何日にいくらの小切手を用意したか正確な数字を言え」というような重箱の隅をつつくような意地悪な質問が弁護士から僕に向けられるのです。

もしも僕がわずかでも間違えようものなら、被告側は「原告の発言はいい加減であてにならない」と大声で主張してきます。

正直、バカバカしいと思っていましたが、それでも証言台に立つにあたり毎回必ず最初に「自分の証言に偽りや嘘の供述があれば偽証罪に問われることになることを認めます」という宣誓をさせられることもあって、相手の弁護士から「彼の発言は偽証の疑いがある」としきりにアピールされる度に「ここはドミニカだし、万が一相手と裁判官との間に賄賂や裏取引があればこちらが逆に罪に問われてしまうかも……」ということが脳裏をかすめました。「偽証のわけがない」と思いつつも、相当なるプレッシャーがのしかかってきたのです。

僕は毎回の口頭弁論に入る前にすべての数字や日付を暗記しなければいけない精神的苦痛に苛まれました。

結局、5年の月日を費やして裁判はマネジャーの有罪で決着となりましたが、最初に安易に人を信用したことで、心身ともに僕は疲れ果ててしまいました。

ドミニカに限らず、海外での裁判を経験して痛感するのは「推定無罪」の原則が徹底されていることです。

「疑わしきは無罪」であり、有罪確定まで審理は公平な雰囲気で行なわれます。

これは今回の裁判のように証拠書類が完璧に揃っていても同じです。発展途上国における裁判システムの不完全な部分やムダが多いことも実感しました。

中南米はまだまだ成長余力がありますし、投資やビジネスチャンスは多いのは事実ですが、一方で商習慣や文化、考え方の異なる中南米の人たちを相手にする際の難易度は非常に高いと言えます。

ですから、日本でいるときのように簡単に人を信じてはいけません。そういう人から先に足をすくわれてしまうのです。

「信用するかどうか」の基準の1つは「コネがあるかどうか」

このように人を信じるあまりに失敗するのは、海外ビジネスを始めた日本人が一度は通る道だと言えます。そんな中で、どうやって取引先やスタッフと信頼を築いていけばいいのでしょうか？

大事なのは「信頼のある人から紹介してもらうこと」です。

要するに「コネクションによる採用や紹介」ということなのですが、日本人は時に、この感覚にネガティブな印象や、うしろめたさのようなものを感じてしまうでしょう。

例えば、父親が重役として勤めている会社に息子が入ると「コネ入社」や「裏口入社」と言って陰口を叩かれます。仮に実力で入ったとしても、です。

ですが海外においては——特に中南米なんかは、ほとんどがコネがないと雇わない企業ばかりです。ですから、雇うほうも雇われるほうも「どうにかしてコネを使えないか」と考えますので、コネが悪いという発想は皆無です。

色々な人種がいる社会だからこそ、新興国系では「仕事」と「プライベート」がつながっているほうが良いと考えられているのです。

このイメージは、日本でも田舎や地方を参考にするとわかりやすいでしょう。田舎や地方は地域性が強いがゆえに「〇〇さんの息子さんね」で就職できたりしますが、その感覚でイメージしてみてください。

なぜそこまでコネが重視されるかというと、理由はシンプルに「怖いから」です。それも「お金を盗られるのが怖い（コネだとお金を盗られる心配がない）」からです。僕の横領事件の例を聞いたあとだとリアリティがあると思います。

逆に、家族や親族の紹介は「身元がはっきりしている」ということでもあり、そのような「身内的コミュニティ」に属している人は、基本的に裏切りません。

つまり、コネは仕事における監視機能として働くわけです。

ですから、海外（特に新興国系）では、一度コネで入社したり、紹介が発生したりすると、彼らとは家族的なつながりを持てるような関係性づくりを行っていきます。

例えば、自社のスタッフの家族と自分の家族が一緒に食事をしたり、ということです。僕の会社でも、スタッフに家族がいたら、彼らの分のお祝いもしてあげたりします。

仕事の表面的な付き合いにとどまらず家族も含めた信頼関係を築いていけることは、新興国で長期のビジネスをしていく上で非常に重要な要素の1つと言えるでしょう。

では逆にコネを使わない採用はどうかというと、僕の場合は失敗ばかりでした。

かつては新聞広告を出したり、「採用中」の紙を貼ったりして人を集めたことがありますが、酷いものでした。

例えば、ある応募者は自動車免許を持っていても（業務に必要なのです）運転ができなかったり、「車を持っている」とは言うものの話を詰めてみると「持っているけど今は壊れている」と言い訳をしたり、本当か嘘かわからないことを平気な顔をして言ってきました。

ただ、このくらいはまだ可愛いものです。

中には、履歴書を見て実際に雇って働かせてみたら名前と性別以外のすべてがデタラメだった応募者もいました。

履歴書には住所の記載があるのに、実際にはそこに住んでおらず、どこに住んでいるかわからないのです。怖くて仕方がありませんでした。

このようなことはよくあります。

ですから、もしもあなたが海外で人をつながるようなことがある場合、使えそうなコネクションがあるならできる限り活用してください。

自分の身を守るためにも「コネはうしろめたい」という考えは捨てて、より家族的な付き合いをするよう、心がけましょう。

豪邸や高級車の持ち主でも信用してはいけない

コネによる紹介や採用ともう1つ、日本人が敬遠しがちで失敗につながりやすいのが「相手のお財布事情を探らないこと」です。

例えば、日本では相手の資産がいくらあるか、どうやって資金を調達するか、といったことを質問したり、知ろうとする行為は〝不躾なもの〟とされています。友達であっても、給料をいくらもらっているかさえ聞けなかったりします。

日本にいればこれは美徳なのかもしれませんが、海外ではむしろ、足をすくわれる原因になりかねません。

僕も会社員時代だった頃に、ある取引先が支払いをできなくなり、やむなく弁護士経由で差し押さえに動いたことがあります。

その取引先は豪邸に住み、高級車に乗っていたのですが、ふたを開けてみるとびっくり。すべて銀行からの借金でまかなっていたため、何重もの抵当権が銀行からついていて自分の所有権のものは何ひとつなかったのです。

しかも、こういったケースは何度もありました。

僕が見てきた中南米の新興国の人たちの多くは車や家だけでなく、家電や家具、洋服に至るまで、現金払いではなく何カ月かのローンで購入するということが多く、日常的にローンでして購入することで経済を回しています。

「通貨のインフレ」という通貨の目減りの問題が常につきまとうので、現金での購入よりも借金をして購入するほうが経済学的には得になるので仕方がないかもしれません。

また、彼らは見栄を大事にするので、相手に信用してもらうためにいい家に住んだり、いい服を着たり、いい車に乗ったりもするのです。

ですが、これらのことは裏を返せば「豪邸や高級車を所有しているからといって、必ずしもお金持ちとは限らない」ということも意味しています。「自分のお金の管理ができていない」とも言えるでしょう。

このようなことを避けるためにも、相手のお財布事情を探ることは積極的に行ってください。不躾だと敬遠したくなる気持ちもわかりますが、これも自分の身を守るための立派な手段なのです。

例えば、取引の場ではこんな風な感じです。

仮に500万円の取引だとして、前金で100万円を収めてもらったとします。残りは400万円ですが、まずそのお金が相手の社内に存在しているのかどうかから確認します。ストレートに「銀行口座にちゃんと400万円がある？」と聞いてしまうのです。

ここで「ある」という答えが返ってくれれば「それで、毎月何日にいくらずつ払うのか」という話に進めばいいのですが、ほとんどの人は「ない」と答えます。「ないけれど、このようにして払うから大丈夫だ」と言ってきます。そこで「OK、OK」と納得してはいけません。

相手がどうやって400万円の資金を調達するか、そのストーリーにリアリティがあるか、違和感がないか、本当にできるのか、を話し合いレベルで確認していかなければいけません。

仮に、銀行から調達するのであれば、調達のための書類が準備できているのか、その書類を見せてもらうくらいに突っ込んで構いませんし、遠慮なく踏み込んで構いません。

もしもそこで違和感が1％でもあったら「その約束は決して履行されない」と判断するのが海外で生きる上での絶対ルールです。

これは失礼でも不躾でも何でもなく、絶対にしなければいけないことです。

このような確認を怠り、人を見た目だけで判断したり、日本人感覚で「きっとこちらのがんばりに相手も応えてくれるだろう」などと信用してしまうと、結局は痛い目を見るのはこちら側になってしまうからです。

期待値の低い世界の戦い方では「不備のない契約書」が必須

日本には「親しき仲にも礼儀あり」ということわざがありますが、海外ビジネスにおいては「親しき仲にも不備のない契約書あり」がルールの1つです。

第6章の最後で「日本人は期待値が高い」ということに触れました。世界には2種類の人種がいます。それは「期待値の高い世界にいる人種」と「期待値の低い世界にいる人種」です。前者の代表が日本人であり、後者の代表が新興国の人たちです。

この2種類の世界では、考え方がまるで違うので注意が必要です。

期待値の高い世界では「ルールや責任は相手に要求するもの」というのが考え方の基本です。トラブルや問題が起きたときには、相手が責任を取ってくれます。

その端的な例が2022年4月に発生した「山口県阿武町での4630万円誤送金問題」です。阿武町は誤送金をしてしまった町民に対して返還を求めましたが町民側はそれを「オンラインカジノで使った」として逮捕されました。

4630万円については、4290万円がオンラインカジノの決済代行業者から阿武町へ返還され、デビット決済分のおよそ340万円についても法的に確保されているようで、回収の見通しが立っているようです。

誤送金をしてしまったのは阿武町のミスですし、使ってしまった町民にも犯罪（電子計算機使用詐欺の疑い）としての側面はありますが、結局お金は「使った先の相手」が責任を取って返してくれたわけです。

はっきり言ってこんなこと、日本だから起こることです。海外だと、このお金が返ってくる確率は低いと個人的には思います。

一方で、期待値の低い世界ではこの逆で、「ルールや責任は自分に来るもの」という考え方です。

何かあったときに、その責任を自分が取らなければいけません。もしも4630万円問題のような事態が新興国で起きたとしたら、まず返ってこないでしょう。

そんな期待値の低い世界でビジネスをするのですから、基本は「すべての責任は自分で取るしかない」と考え、行動しなければいけません。

曖昧な約束は絶対にしてはいけません。曖昧な約束はほぼ100％トラブルになるものと心得ておきましょう。

これはビジネスでなくても、日常でも同じことが言えます。

例えば、期待値の高い日本でタクシーに乗ったら、行先さえ告げれば順当に目的地へ運んでくれます。

多少の増減はあれど、タクシー料金はいつ乗っても大体同じくらいの金額しかかかりません。逆に細かく道を指定する「詰める行為」は、逆にプロのタクシー運転手に対して失礼に当たるでしょう。

ですが、期待値の低い新興国では、これではボッタクられます。最初に「ここから目的地までいくらかかるか？」を確認し、変な道を通りそうなら（遠回りしそうなら）そのときに言わなければいけません。

でなければつけ込まれてしまうのです。

タクシー料金くらいの話であればまだ可愛いものですが、これがビジネスで考えるとどうでしょう？　損害は大きなものになってしまいます。

海外ビジネスでは、どんな親しい間柄――それこそ家族同士であっても、ビジネスをするときには書面で契約書を交わします。文面のフォーマットが日本と海外で大きく異なることはありませんが〝必ず〟交わすのです。

トラブルは最初から想定しておけば双方の不愉快にはなりません。

最初の時点で「こういう問題があったらこう対処する」「損害が起きたときは折半で解決する」など内容はさまざまですが、大事なのは最初の時点から契約書レベルでビジネスをスタートさせることを常識と考えることです。

日本人は「トラブルのことを最初から口にすることで、相手の気持ちを害してしまいマイナスになる」と考えてしまいがちです。また、相手との間に軋轢が生まれてしまうと、それを取り戻すのにコスト高になる傾向が強いのも、僕たち日本人という人種の特徴です。

ですから、最初にあまり明確な決め事をするのを敬遠する傾向があります。

それに、最初の遠慮によって仮に理不尽な対応をされることがあったとしても、相手との話し合いで「相手もこちらの事情を話せば、自分の意を汲み取ってくれるだろう」という期待値も高く、それによりお互い解決をはかれるという考えが日本人同士には存在するわけです。

期待値の高い世界のルールでは初めからマイナスの可能性を多く指摘するのは出来る限り避け必要最小限だけにする、という戦い方が重要とも言えるかもしれません。

ですが、それでは海外ビジネスでは生き残っていけません。期待値の低い世界のルールを前提に、最初に思い切ってしまって構わないのです。

人種差別は「あるのが前提」で作戦を立てる

第4章でも軽く触れましたが「人種」というのは海外ビジネスにおいて大きな壁となります。人種差別は「海外ではあるもの」なのです。

日本のように人種差別がほとんどない国（例えば、士農工商も現在ではただの職業区分だったと言われています）では「差別」はあまりイメージしにくいかもしれません。

例えば、1955年12月1日にアメリカのアラバマ州モンゴメリーで、黒人女性が白人にバスの席を譲ることを拒否し、逮捕された事件が起きました。後に公民権運動へと発展するきっかけとなった事件です。

この事件が起きた背景には1876年～1964年までアメリカ南部に存在した「ジム・クロウ法」があります。主に「黒人の一般公共施設の利用を禁止、制限した法律」を総称したものですが、このようなものが「差別」です。

これに似たものが、法律レベルではありませんが海外には存在します。というより差別は僕たちが思っている以上に身近なものと言えるかもしれません。

これは日本にいて無宗教の同じ日本人だけで過ごしている僕たちが最も理解しにくい問

題と言えるでしょう。

上記の白人と黒人間だけではなく白人同士でも、宗教の違いや白人同士の人種の違いは当然のように差別として存在します。

ユダヤ人などはその典型的な例ですし、同じアメリカ人同士でも、アメリカでは伝統的にプロテスタントの大統領が占めており、カトリックの大統領はジョン・F・ケネディとジョー・バイデンだけで、カトリックはマイノリティとして考えられています。

人類は猿人の時代から数えて何百万年もの間、狩猟時代を過ごしてきたわけですが、その際には肉食獣からの捕食のみならず部族間同士の殺し合いも数多く経験してきました。

長い人類の歴史から数えると「ほんの最近」とも言える近代以前の社会でも、異なる異民族同士で出会えば殺戮を繰り返し、相手の部族の男性のみならずそこで生活している女性や子どもは皆殺しや陵辱を受けた末に全員他の民族の奴隷にされてきたわけです。現代社会でもアフリカの部族では同じような出来事が繰り返されています。

つまり、長い人類社会においては「自分とは異なる人」に出会うことで危険のシグナルが灯らない人間は淘汰されてきたわけで、「自らと異なる人種」と出会うときに違和感を覚えるのは何万年もの進化の中で僕たち人間が獲得してきたDNAだとも言えるでしょう。

例えば、街で電車に乗った際にもしも同じ車両に奇抜な格好をしたグループと乗り合わせた場合、もしくは自分とは異なる年代のグループと乗り合わせて彼らの話が騒がしく聞こえるときに「違和感」を感じたりするものです。

違和感は一種の不快感でもありますが、理由がわからないために便利な表現として「違和感」という言葉を僕たちは使ったりします。

現代社会において、僕たちは電車の中で自らと異なる人種と出会っても突然皆殺しの脅威にさらされることはまずありません。それでも不快な気分や違和感を持つのは、それが何万年もの間に進化の過程において、僕たち人間が生き残るために獲得してきたＤＮＡだと言えるのではないでしょうか。

僕たちは簡単に「人種差別はいけないことだ」と言いますし、それに対して否定の余地はありません。

ただ一方で、もしも海外の、そして異なる人種が多数派として生きる国でマイノリティとして生き残るのであれば、このような人間の1人ひとりには確実に人種を区別して生きるという性質があるのだということは知っておいて損はありません。

そして、それならそのために自分はどのように相手の前で振る舞うのが正しいのかと考えることはとても大事なことでしょう。

貿易の仕事をしていると世界中の会社とパートナーシップを組んだり、組もうとして失敗する機会がたくさんありました。アラブ系、ヨーロッパ系、韓国人、中国人などと組んだのですが、同人種と異人種では違いがありました。

例えば、支払い条件が僕の場合は厳しかったりするのです。

細かいことを書くと長くなるので割愛しますが、あるとき突っ込んで理由を聞いてみました。彼らはいろいろと理由を言い、決して「人種が違うからだ」とは口にしませんでしたが、僕はそこに「人種の壁」をひしひしと感じたものです。

第4章で「ひた向きさ」「真摯さ」「真剣な思い」といったことを伝えるのが国際交渉では大事だとお伝えしましたが、そういったエモーショナルな部分と別に、人種の壁は存在します。

先述の通り、差別がほとんどない国で育った日本人にとっては、海外で差別を受けると必要以上にショックを受けてしまいます。

幸か不幸か、耐性が培われていないのですが海外で異人種間というアウェーで戦う以上は、そこに何かしらの差別という壁は当然あるものという前提で「では、どうすればいいか」という形で思考を止めずに考えることが大切です。

例えば、アラブ系と付き合うなら彼らのメリットを活かし、他を求めないようにビジネスをする――そういう作戦を立てることが大事です。

もちろん、関係づくりは大事です。そういう意味で相手の文化や宗教やその土地の歴史などを積極的に勉強したり、頻繁に会ったり、食事をしたりしながらつき合うことが不可欠です。

人間とは不思議なもので、自分がよくわかり、そして自分をより知ってくれている人と仲良くなりたいものなのです。

カントリーリスクは「見えない裏側」に隠されている

日本から海外にやってきた日本人が、たとえ「治安が悪い」と言われている国であっても、降り立ってよく口にする言葉があります。

それが「意外と治安いいね」です。

当たり前ですが、海外の空港があるような大都市は、それこそ日本の都心のような環境整備がされています。高層ビルが立ち並び、道は舗装され、空気は綺麗で、世界的チェーンのカフェやスーパーマーケット、ホテル、商業施設などが立ち並び、賑わいを見せています。

ですから、危険を感じずに「思ったより危なくない」と思ってしまうのです。

ですが、これも当たり前ですが日本でも治安のいい場所と良くない場所が存在します。そして得てして、そういう場所は目に見える場所にはありません。東京・新宿は安全な街ですが、歌舞伎町の裏通りまで行くと治安は良くありません。

実際に危険な場所は「見えない裏側」に隠されています。強盗は自分の視界の外側からやってくるものなのです。海外ビジネスをする限りは、それらカントリーリスクを念頭に、想定の上でどうするかを考えなければいけません。

カントリーリスクには、例えば次のようなものがありますので、気をつけてください。

お金のリスク

政治情勢が不安なことが多い新興国では「お金」の価値は乱高下し、時にハイパーインフレによって紙くず同然になることがあります。ハイパーインフレとは「インフレ率が毎月50%を超えること」です。

ハンガリー（1948年）、アルゼンチン（1988年）、ブラジル（1986年）、ユーゴスラビア（1993年）、ベネズエラ（2015年）など、挙げ出せばまだまだありますが、ある日いきなりお金が紙くずになってしまうことが新興国ではリスクとして存在します。僕もドミニカ共和国のハイパーインフレが起きた際に通貨が大きく暴落し、客先の多くが倒産したり、債務超過に陥って大変苦労した経験があります。

また、新興国は単純に通貨の価値が毎年10％ずつ目減りしていきます。インフレターゲット（中長期的な目標の近くにインフレ率を誘導するように金融政策を行う枠組み）が8〜10％で設定されているので、経済成長によってお金の価値が下がっていってしまうのです。

環境（気候も含む）のリスク

中南米は特にそうですが、赤道付近の亜熱帯気候なのでとにかく暑いです。ほう酸団子の行商をしている頃、特に2008年のドミニカの夏は猛暑で、太陽の日差しが強力でした。

僕はガソリン代節約のために歩いて行商をしていたので熱中症になってしまいました。座ってしまうと頭がくらくらして何時間も立ち上がれませんでした。

ボリビアの首都ラパスへ行ったとき（強盗に身ぐるみ剥がされた事件があったときです）も、部品商が集まるエリアは街中（標高3600メートル）よりも一層高い標高4000メートル超えの場所に位置していました。

そのため、極めて空気が薄く、部品商を1軒1軒訪ね歩くのが信じられないくらいにつらく、1軒訪ねては息が切れ、店の前で少し休ませてもらってから交渉に入るようなことを繰り返しました。ほとんど高山病の状態で営業をしていました。

海外ビジネスでは、国によって日本では考えられないような気候（それこそ、ずっと真夏だったり、富士山くらい高いところに街があったり）が存在します。

犯罪のリスク

これは何度もお伝えしていることですが、強盗は存在します。

しかも、日本の暴力団のような「堅気には手を出さない」という不文律もなく、カモだと思われたら容赦なく襲いかかってきます。

ボリビアで身ぐるみ剥がされたこと、トリニダードで発砲されたこと、と僕は今までに2回強盗に遭いましたが、そんな僕が考える海外で強盗に遭う確率を少なくするための方法は次の通りです。

・2人乗りのバイクが近くを通りそうなときはとりあえず「強盗かもしれない」と思っていつでも走って逃げられる態勢をとる
・道路で歩きながらスマートフォンで話さない（かなり狙われやすい）
・スーパーマーケットの帰りに買い物袋をたくさん持ったままゆっくり道路を歩かない（よく強盗が出入り口でターゲットを探している）
・銀行から出るときはよく周囲を見てから出る（よく強盗が出入り口でターゲットを探している）
・クリスマスの3～4週間前からは特に強盗に注意する意識を持つ（この時期は1年で最も強盗が増える）
・もし公園などに行くなら守衛のいる公園を選ぶ
・誰かが訪ねてきても不用意に家のドアを開けない
・外国人や女性であれば車にはできるだけスモークを貼る
・支払いにはカード（クレジットカードやデビッドカード）を使い、できるだけ現金を持ち歩かない

政治情勢のリスク

コロナ禍だった2021年は世界で相次いでクーデターが起きた年です。

2月にミャンマー国軍がクーデターを起こし、全権掌握を宣言してアウンサンスーチー国家顧問やウィンミン大統領らを連行しました。

5月にはアフリカのマリ（サハラ砂漠にある国です）でもクーデターが起き、暫定政府の大統領と首相が国軍に連れ去られました。

同じくサハラ砂漠にある国のチュニジアでも、7月にサイード大統領が首相たちを解任し、国会の停止を発表しました。議会第一党から「クーデター」だと非難されています（大統領側は否定）。

このように、世界には政治情勢の不安からクーデターや暴動が起こります。

僕がボリビアで営業をしていたときも、ラパスにて暴動事件に巻き込まれ、市内に閉じ込められたことがあります。

朝、ホテルの窓から外を見ると警察が大通りを封鎖していました。話を聞いてみると電気代や生活費が高騰したことによりラパス市民により暴動が起きたとかで、山頂に行くあらゆる道が封鎖されているとのことでした。

僕は慌てました。というのも翌々日にはボリビア第3の都市コチャバンバへ行く予定だったからです。ドミニカへ帰国する飛行機もコチャバンバからでした。

山頂までのあらゆる道を暴動部隊に押さえられており、外にも出られない・外からも入れない、という状況で街全体が軟禁状態でした。

そこで僕が取った手段は「強行突破」でした。

知り合いのタクシー運転手に相談し、山頂への通路である陸路なら警備が手薄だという情報を信じて陸路で移動する賭けに出ました(空路はまったく無理でした)。チップを多めに渡したことを今でも覚えています。

早朝にホテルを出発した僕は、後部座席の後ろに身を隠し、息をひそめました。

9時間ほどの行程で山頂に差しかかった頃にはすっかり日が暮れていました。窓から外を見ると、思っていた以上に封鎖を警備している暴徒の人数は多く、一気に緊張感が増しました。

予想通り、検問でタクシーは停められました。運転手は打ち合わせ通り、暴徒部隊の検問係用に用意していたチップをその場で握らせ「俺はこの先の山頂の家に帰らないといけない」と懇願しました。

どのくらいの時間が経ったのか、それはきっと数分でしたが、僕には1時間のようにも感じられました。結果的にタクシーは検問を突破し、朝の日の出と同時に、僕は喧騒のラパスを脱出できたのです。

このような出来事は先進国では考えられないことかもしれません。

例えば、日本で最後に起きたクーデターは1945年（昭和20年）8月14日の深夜から15日にかけて起きた「宮城事件（八・一五事件、終戦反対事件）」です（未遂に終わりましたが）。今から70年以上も前の話なので、現世代にはまったく実感がないでしょう。

ですが、新興国ではクーデターや暴動は想定されることなのです。

詐欺（騙される）のリスク

これに関しては、本章の冒頭でお伝えしたマネジャーとの5年に渡る裁判です。

ここまでにお伝えしたことなので重複は避けますが、補足するならマネジャーは自動車業界に精通しているだけでなく英語も堪能で、頭の回転も早く、人柄も良かったため、他のスタッフや私の家族からも信頼されていたような人でした。

僕自身も「いい人を雇うことができた」と信頼し切っていました。

ですが、今になって思い出すと、不審なところもありました。

彼を採用することが決まったときに、仕事始めの前に彼の机の備品を購入するためのお遣いを頼んで小口のお金を渡した際のことです。返ってきたお釣りが少し少なく「お昼代がないので、お釣りの一部をお昼代に使用させてもらった」という事後報告があったことです。

ほんの些細なことですが、僕の中では「事前に電話してくれればよかったのに」という違和感が少し残りました。ですが、備品を購入させる時間を使わせてしまったから仕方ないかな、という気持ちもありましたので見逃してしまいました。

ですが、ここからすでに間違いだったのです。小さなことですが明らかな「隙」を見せてしまい、チェック機能を充分に働かせなかった。自分のミスだと猛省しています。

中南米のビジネス全般に言えることですが、日本人の視点で「違和感」がある感覚を持った場合に見逃さないことはとても重要で、大体そのようなときにはあとで何かしらの問題が起きます。その想定で常に慎重になっておくことが大事です。

日本の場合は商売上で何かしら引っかかることがあったり、違和感を持ってもそれがすべて問題につながる可能性は確率的には低いか多くても3割ぐらいな印象です。

ところが中南米のビジネス、特にドミニカにおいては違和感や「何か心配だな」というときはほぼ100%に近い確率で問題につながると見て間違いありません。

最小の被害で撤退する「損切り精神」を身につける

『三国志』には劉備玄徳、関羽雲長、曹操孟徳など数々の英雄がいます。その中でも「天才軍師」として呼び声高いのが諸葛亮孔明です。

現代でも人気の英雄ですが、僕は彼が実は「撤退戦の天才だった」という話がとても好きです。実際に孔明は撤退戦では無敗だったのです。

主君であった劉備玄徳の死後、蜀を任された孔明は北伐を行います。

北伐とは、蜀が魏に対して行った軍事行動のことで1次～5次まであり、第5次北伐は「五丈原の戦い」と呼ばれています。

実はこのとき、孔明はすでに死んでいました。そして、蜀軍最後の撤退戦が始まりました。魏軍の司馬懿仲達は蜀軍へ攻撃を仕掛けますが、蜀軍が攻撃態勢を整えていることを知ると攻撃を中止して出方を伺います。

蜀軍は魏軍が攻撃を開始してこないことを知ると、その隙を突いて一気に撤退します。このときの魏軍の弱腰は民衆に茶化され「死せる孔明、生ける仲達を走らす（死諸葛走生仲達）」という有名な故事が残されました。

孔明は死んでもなお、撤退戦無敗を破らせなかったわけです。

本章では海外ビジネスで発生しがちなトラップや、具体的なリスクについてお伝えしてきましたが、最も大事なのが「撤退戦」です。

どれだけリスクやトラップについて知識を高めていても、物事は起きるときは起きます。また、冒頭でお伝えした裁判のような、相手が自分の非を認めようとしない理不尽や、支払いを踏み倒されるような理不尽も起こるものです。

そんな理不尽やトラップがあった際に、交渉に慣れていない日本人は「正義の答えが出るべき」と考えてしまいがちです。日本人感覚で100：0の完全勝利を求めてしまいます。

ですが、ここまで読んだあなたならわかると思いますが、相手はどんなメチャクチャなことやでっち上げをしてでも対抗してきます。〝印籠や桜吹雪を出したら悪漢が土下座をする世界観〟では生きていないのです。

そこをわかって引き際を見極めないと泥沼化します。

ですから僕としては、あなたには「撤退戦のプロ」になってもらいたいと思っています。

そのやり方は2つです。

1．相手に花を持たせるパターン

半分くらいの損害は仕方がないものと考え、半分だけでも確実に回収する。そして、その相手とは二度と付き合わないようにする。

僕たち日本人は「失敗から経験して立ち直り成功していく」という物語が好きです。だから、そのようなストーリーを相手にも期待する思考の癖があり、自分も間違いなくこのタイプでした。ただ自分の経験上、新興国では非常識に損害を被らせるタイプは何度でも同じ状況になる可能性が高いため、二度目はないと決めています。これも期待値の低い世界の戦い方の話につながりますが、期待値の高い世界と異なり「相手が失敗から学習する」期待値も非常に低い世界で身につけた戦い方とも言えます。

2．損切りするパターン

理不尽なことを言ってくる相手でも、何かしらのメリットがあるのであれば関係を切らず、一旦は相手にも利益を持たせて他の部分で利益を取る。「損して得取れ」の精神。特に「損切り」は日本人が苦手なので、ぜひ身につけてください。

せっかく踏み出した海外ビジネスへの道なのに、これらの撤退法を知らずに正論をぶつけ、全額失ったり、関係性を壊したりして、結局は新興国の市場から消えていくことになるのはあなたです。

そうならないためには「撤退戦のプロ」になることです。

五丈原の戦いでは、蜀軍の損害はほとんどなかったと言います。それができたのも、上手に撤退をしたからです。海外ビジネスを長く続けるために、あなたにもぜひ、そうなってもらいたいと思っています。

第8章

世界の「和僑ネットワーク」を作りたい

あなたも今日から「和僑」になれる

現在、全世界に6000万人以上いるとされており、資産規模も300兆円近いと推定されている、海外ビジネスにおける雄が「華僑」です。

華僑とは、平たく言うと「長期間海外に住んでいる中国人とその子孫たち」のことです。元々は「中国国籍を持ったまま海外に移住する人たち」を指していましたが、現在では意味が転じているようです。

東南アジア、アメリカ（北米・南米）、ヨーロッパ、アフリカ全域、そして日本にも華僑は進出し、世界規模でビジネスを行っています。さらに「華僑ネットワーク」を構築し、巨大な経済圏を築いています。

これと同じように、日本から飛び出して海外ビジネスをしている人のことを「和僑」と言います。

今のところ、和僑は主に「中国（上海、北京、広州、大連など）を中心とした地域で起業した日本人」という意味合いで使われているようです。マレーシアやシンガポールなどの東南アジアの一部でも和僑の広がりは出てきているようですが、華僑に比べると、その広がりはまだまだこれからなのが僕の印象です。

ただ、あなたもこれから海外ビジネスを行っていくことで和僑の仲間入りができます。別に中国や東南アジアではなく、新興国なマイナーな国でビジネスを始めたとしても、僕としては立派な和僑の一員だと思っています。

世界の市場を見ると、日本だけにいるのと、日本から飛び出すのでは市場の規模がまるで違います。1億人を相手にするのと70億人を相手にするのでは、単純に考えても70倍の広がりがあるのです。

先進国のようなすでに市場を制している人たちがたくさんいる世界ではなく、市場としての〝伸びしろ〟がまだまだこれからな新興国――アフリカ、東南アジア、中南米などには、いくらでもビジネスチャンスがあります。

そんな70億人市場が、和僑となったあなたを待っています。

ビジネスは「賢い兎」に学びなさい

第4章で「狡兎三窟」という故事の話をしました。「すばしっこい兎は隠れ穴を3つ持っていて危険から身を守る」という意味でした。

これから和僑として海外ビジネスを始めるあなたには、ぜひともこの「賢い兎」に学んでもらいたいと思います。

ビジネスを走らせるときには、常に3つくらいを同時に走らせておくのが鉄則です。1つのビジネスであっても、販売先の国を3カ国持っていれば、たとえ1国がダメになっても残りの2カ国があなたを支えてくれます。

僕自身、最初はドミニカ共和国以外でのビジネスを考えていなかった時期があります。特に最初の頃は軌道に乗せるのに必死で、あれやこれやと多角化する余裕がなかったのも正直なところです。

ですが、貿易業でトラブルや問題が起きたり、法改正で輸入禁止になったり、日本における戦後最大の円高による苦境、また東日本大震災により日本の中古車市場が壊滅的な打撃を受けたことでドミニカ需要と供給のバランスが合わず、ビジネスが激減するなどの経験をしてきたことで、リスク分散のために他の国へ行くようにもなりました。

また、中古車ビジネスという１つの業態を複数の国でやるだけではなく、海外投資という新しい収益の柱も考えるようになり、さらに世界が広がりました。


この考え方は、何も自分でビジネスを始める人だけのものではありません。たとえ今すぐは起業できなくても、会社員のままであっても、会社の給料以外の収入の柱は持っておくべきです。

副業が日本の大企業でも解禁されている昨今、貿易ビジネスで収益の柱を増やしたり、海外投資で不労所得を獲得する努力は、誰もがこれからやっておくべきことです。

つまり、全員が「賢い兎に学ぶべき時」が来ているのです。

日本でもすでにそういうことで成功している人はたくさんいますし、もしも本書が参考になれば、それはそれで嬉しいことだと思っています。

何度失敗してもいい。人間は立ち上がれるものだから

第2章でココ・シャネルの話をしたことを覚えているでしょうか？

履歴書の外側の考え方についてお伝えした内容のところです。

あなたが和僑として海外ビジネスを行っていくとき、必ず何かしらのうまくいかないことや挫折を経験するでしょう。そんなときのために最後にもう1つ、僕から言葉を送ります。

それは発明王エジソンの言葉です。

《私は失敗したことがない。

ただ1万通りのうまくいかない方法を見つけただけだ》

有名な言葉なので聞いたことがあるかもしれませんが、今日からあなたは、仮にうまくいかないことがあってもそれを失敗ととらえるのではなく「うまくいかない確認作業ができた」と考える人生を歩んでください。

この考え方で10回、１００回とチャレンジを続けていけば、必ず最後に成功へとたどり着くことができます。特に、失敗に対してネガティブな印象を持つ日本人こそ、この考え方をインストールしてもらいたいです。

学校教育では「一歩一歩前進することが大事」だと教えられます。これは「後退してはいけない」という意味ではありません。

現実の世界では毎日進めないだけでなく、日によっては何歩も後退してしまうことだってあるものです。昨日1歩進んだのに今日3歩下がってしまうことだってあるでしょう。ですが、それは悪いことではないのです。

仮に今日3歩下がったとしても、明日5歩進めれば「1日1歩、3日で3歩」を取り返したことになります。そういったことを繰り返して、トータルで前進していれば人生はOKなのです。

この考え方を持っていれば、人は立ち上がることができます。

立ち上がる力を持っている以上、何度失敗したって構わないのです。

「一人世界商社」は誰でも作れる

本書の冒頭で華僑の話をしましたが、彼らは独自の華僑ネットワークを構築して巨大な経済圏を築いています。

和僑である僕たちも、このネットワークを今よりももっと広げていかなければいけないと考えていますが、仮のこのネットワークが使えるのであれば、あなたはたった1人でも「世界商社」のような存在になることができます。

商社というと伊藤忠商事や三菱商事、三井物産、住友商事のような巨大総合商社をイメージするかもしれませんが、実際に商社とは「より自由度が高く、どんなビジネスでも世界とかかわっている企業全般」が定義だと僕は考えています。

仮にあなたが和僑として僕とつながり、僕のネットワークを使って海外ビジネスができたとしたら、それでも立派な商社と言えますし、そこに〝規模〟は関係ありません。

かつて、僕がビジネスを始めた頃は、今と比べて遥かに環境が乏しかったです。現代と比べて特に「どんなマイナーな国でもそこの情報を取れないことがなくなった」「ＳＮＳがあるので、本気でやるならその国の色々な人とつながれる時代になった」という2点が大きく違います。

僕の時代は、インターネットはあってもブログがギリギリあったくらいでしたし、そもそもマイナーな外国の情報を発信してくれている人がほとんどいませんでした。ＳＮＳもなかったので、現地の人とつながるためには足を運ぶしかありませんでした。

それだけ情報が早く、かつ手に入りやすい時代になっていると実感します。

こんな時代に「できないこと」はほとんどありません。

僕の海外投資の口座も、こういう情報を頼りにしていますし、頼りにしているファンドや債券などの情報源も、特定の人でなければタッチできないものではありません。ただ繰り返して慣れたことで、アクセスするスピードと精度が上がっているだけです。

要するに、車の運転のようにすればするほどうまくなっていっただけです。

ですから、あなたにもチャンスはあります。

オフィスがなくても今はバーチャルオフィスがあります。

語学があまり得意でないなら通訳を使えば解決できます。

大事なのは、ビジネスモデルを作って、それを実践する行動力なのです。

文化の違いを楽しめる「ビジネスの達人」になろう

行動して海外に出るようになったら、ぜひあなたに実践してほしいことがあります。それは「文化の違いを楽しめるようになること」です。

そうなれたあなたは、ビジネスの達人と言えます。

20代のとき、僕はある大手商社の方と会食をしたことがあります。50代の方でしたが、そのときに彼の話題の多さに驚きました。

国際的なビジネスをしている人は、基本的にみんな話題が豊富です。

それだけ海外の国々のことを勉強しているからですが、それは単に興味があるからだけではなく、ビジネスでも大いに生きるからです。20代だった当時はよくわかっていませんでしたが、今ではそれがよくわかります。

海外ビジネスをする場合、語学も大事なところはありますが、それよりもっと大事なのは人間的な中身を研鑽することです。平たく言えば「人間力を上げる」ということです。

その方法はそんなに難しいものではありません。

自分が関わる国の文化や宗教、歴史（国の成り立ち）、観光名所など、そこに住むなら当たり前に知っておくべきことに興味を持ち、情報を得ることから始められます。

例えば、ドミニカ共和国に所縁の深い人物と言えば第2章でもお伝えしたコロンブスですが、彼は最初、ジパング＝日本を目指して航海に出て、イスパニョーラ島のジバオ地方に到着しました。そしてそれが日曜日（ドミンゴ）だったため、ドミニカと名づけました。

このようなことは、きっと当たり前のように情報として出てくるでしょう。

そういうところから始めて、仕事をしているうちに食事に誘われたら蓄えた情報を話題にして会話をすることで、仮に語学に自信がなくても相手との信頼関係を築いていくことができます。

人は「自分に興味を持ってくれている人」と何かをしたいものです。

あなたが外国人と食事をするときに、相手が日本の歴史をよく勉強していたら、それだけでグッと親近感が湧くと思います。それと同じです。

そうやって海外ビジネスをする国のことを学び、日本との文化の違いを楽しめるようにまでなりましょう。

そのときあなたは「ビジネスの達人」になっているのです。

お金を稼ぐことより大切なたった1つのこと

本書では海外ビジネスをテーマにいろいろとお伝えしてきましたが、最後に差しかかるにあたって、お金を稼ぐことよりも大切なことをお伝えします。
それは「身近な人に愛される人生を歩むこと」です。

日本ではまだ話題になっていませんが、アメリカで話題沸騰中の掲示板型SNSに「Reddit（レディット）」があります。
そこでビル・ゲイツが成功の定義について質問を受けました。ビル・ゲイツは、ウォーレン・バフェットがバークシャー・ハサウェイ社の年次株主総会で語っていたことを引用し、次のように答えました。

《ウォーレン・バフェットはいつも「成功の物差しは身近な人が幸せで、自分を愛してくれているかどうかだ」と語っている》

お金を持っていても、大富豪でも、自分の名前を冠した施設があったり、晩餐会に招待されるようなセレブリティでも、もしも彼らが本当に愛されていないとしたら、それは不幸なことですし、その人生はむなしいと僕は思います。

それよりは、自分にとって充分な稼ぎができたら、今度は本当に大切なこと＝身近な人に愛される人生を歩むことに、あなたには時間を使ってもらいたいのです。

僕の場合は、子どもや家族のための時間を費やすことでした。

子どもが生まれてから、スタッフのトレーニングや他国のビジネスを以前よりも減らしたりしながら、自分の時間を作るよう努力をしました。そして、空いた時間を子どもとの時間——要するに、子育てに費やしたのです。

主に行ったのは日本語を教えることでした。

僕はスペイン語や英語はネイティブ（母国語）ではありません。日本語がネイティブです。ですが子どもたちは逆で、日本語がネイティブではなくスペイン語がネイティブです。

ですから、日本語を教えることで僕の気持ちや想いや大切な言葉を「僕自身の言葉」で伝えられると思ったのです。

これまでいろいろな決断をしてきましたが、子育てに多くの時間を費やせたこの決断は、良かったと思っています。

お金を稼ぐことは多くの人にとって興味・関心が高いことだと思いますが、それ以上に重要なことは多くあります。

日本には「幸福度のピークは年収800万円」という話があったりしますがこれは的を射た話で、ドミニカでも年収300万円以上の幸福度はあまり変わらず、むしろお金持ちになって不幸になっている人（その後に失敗したり、家族がバラバラになったり）が少なくありません。

結局、お金そのものには価値がないのです。それが、自分がたどり着いた結論です。

あなたも必要な分を稼ぐことはしても、その先には別の世界があることを忘れないでください。

稼ぐことよりも、自分が好きなことや安全を感じる人たちといい関係を築けることのほうが、人生では遥かに大切なのです。

和僑のつながりで世界のビジネスをまとめたい

最後に、僕のこれからのビジョンをお伝えさせてください。

海外ビジネスを長年やってきた身として、僕は今後、日本人の海外ビジネスマンでつながった「和僑ネットワーク」を作り、世界のビジネスをより進めていきたいと考えています。

現在でも和僑は存在しますが、これを世界規模にしていくお手伝いをしたいのです。それは貿易にとどまりません。

一例を挙げると、何年か前に企業から「中南米の市場でマイクロファンドを投資したいので調査して欲しい」という相談を受けました。市場で投資を受けたい企業の数年にわたる財務諸表を入手して、財務分析を手伝うというような仕事も受けていたことがあります。マイクロファンドに関しては現地でのファイナンスにおける資金回収という分野を得意分野にしていることもあり、将来的にはドミニカ共和国現地でのファイナンス投資における総合エージェントのようなことも考えています。

また、単純な現地での法人設立だけでなく、その法人を利用した投資スキームの相談などもされることもあります。

日本人が海外ビジネスをするときに、特に後発が参入しにくい先進国ではなく、新興国でチャンスをつかもうとするとき、同じ日本人同士でネットワークを作るのはなかなか難しいのが現状です。理由は単純に、数が少ないからです。

ここまでお伝えしてきた通り、異民族と関係を築くことにはエネルギーがいります。ですが、もしも海外ビジネスをする日本人が今よりももっと何倍も何十倍も増え、和僑ネットワークを構築することができれば、話も早いですし、高い期待値の中で仕事ができますし、より少ない資金でより多くの販売ネットワークを得られて一石二鳥です。

華僑やアラブ人たちがすでに実践し、うまくやっていることを、今後は日本人もトレースしていくべきだと僕は考えています。

そしてそのときに、僕は「情報のハブ（hub）的な存在」として新しく和僑に加わりたい人たちの役に立ちたいと思っています。

これまでの海外ビジネスの経験から、例えばコロンビアであればこのマーケットで売る、ドミニカならこのマーケットプレイスがいい、このインフルエンサーに頼むべきだ……といったものから、新興国の市場に投資したいという人のために必要な情報を得る、など長年海外にいたからこそわかる細かい販売網や、生の情報が僕にはあります。

そういう市場を知っている強みを活かして、海外に進出していきたい日本人のために何かしらの役に立っていければ、というのが今の考えです。

あとがき　第二の人生のスタートはもう始まっている

最後まで読んでくださり、ありがとうございました。

本書を執筆するにあたってベースとなった『フランボヤンの木の下で』という原稿が手元にあります。僕の半生を綴った自伝のようなもので、まだ完結はしていませんが（僕の人生は続いているので）そこから少し引用したいと思います。

《2008年という年は特に暑い年で、夏場の太陽の日差しが強力でした。日銭を稼ぐためにゴキブリのほう酸団子を販売していましたが、ガソリン代の節約のために、なるべく歩いたりもしたのですがすぐに熱中症になり、カリブ海でさまざまなところに立ち咲き乱れていたフランボヤンの木の木陰へ逃げ込み、座り込んでしまったこともありました。

赤く炎のように咲くフランボヤンの木の、花と一緒に明るい黄緑色のシダ状の大きな葉が強力な紫外線から身を守ってくれたのです。

一度、その木陰の石段に座り込むと今度は立ち上がることができませんでした。熱中症になったことのある人はわかると思いますが、まず頭がボーッとしてしまいますので、一度座るとなかなか動けないのです。

うだるような暑さの中でフランボヤンの木の木陰に座り込み、頭は痛いし立つエネルギーもないままずっとしゃがみこんでいました。

そこで立つことができずに座り込む自分と、人生でそのときに置かれていた状況は同じでした。毎日数百円の日銭を稼ぐ毎日ではあったものの先行きの見通しは立ちませんでした。今思うと、いつ何かをあきらめても全然不思議ではありませんでした。

フランボヤンの木に寄りかかりながらふと思ったのは「自分の強運もここまでかもしれない」ということでした。自分の人生は何かしらの強い運によって常に道を切り開いてきたと思っていましたが、それもついに使い果たした、万策尽きたなと感じたのです。

一方ですぐにこうも考えました。

おそらく世の中には大きく分けると2種類の人間がいるはずだ。

1つは苦境に立たされたときにそのまま終わっていく人間、もう1つは「徳俵」に足をかけてそこから這い上がっていく人間の2つです。

自分はどちら側の人間だろう、と考えたときにずっと地面を眺めながら「自分は絶対ここでは終わらない」と何度も何度も繰り返し自分に言い聞かせていたのを鮮明に覚えています。》

これが僕の第二の人生のスタートであり今の自分の原点です。

ドミニカ共和国での金融危機の最中、「誰の後ろ盾もないお前がこの世界で生きていけるわけがない」と周囲から言われながらも、僕は〝冒険の書〟を手に地図のない長い旅に出ました。振り返ると故郷の日本を離れ、随分長い時間が流れたものだと思っています。

そして今の日本を地球の裏側から見つめて自分のように、新しい世界に飛び込んでいってチャレンジしようとする人、第二の人生を歩もうとする人がいるのであれば、その後押しをしたいと思ってこの本を執筆しました。

今の日本には「下を向いて生きている人」がたくさんおり閉塞感に苛まれています。

この文章を書いている2022年11月末現在、コストプッシュインフレによって物価は上がり、にもかかわらず景気が良くならないスタグフレーションの状態の中、それでも政府は減税などの対策を行わず、電力需給のひっ迫の対策を国民に押しつける始末で、先進国でありながらまるで発展途上国のような有り様です。

そんな国では下を向いて生きる人が増えるのも当たり前です。

インターネット番組を見ていても、論客が登場して口にするのは「いかに今後の日本が厳しいか」という話題ばかりです。イーロン・マスクも「出生率が死亡率を上回るような変化がない限り、日本はいずれ消滅するだろう」とTwitterに投稿し、世間の関心を集めています。

こんなまったく笑えない自分の母国を見て「なんて厳しい国なんだ、日本は」と思わずにはいられません。

僕には2人の子どもがいます。彼らが大人になって、どの国で何をして生きていくのかはわかりませんが、彼らのような世代が大人になったときに、どうやって前向きに、希望を持って生きていけるか、特に日本人の血が入っていることもあり、心配しています。若者が将来に強い未来を描けて初めて、国というのは成長するのです。

ただ1つ言えるのは、どれだけ厳しい状況であっても、それを一般論として考え、自分は自分として冒険の旅に踏み出せば、誰にでもチャンスはあります。

現時点で日本に希望を持てないなら、世界に目を向けてみてください。遥かに多くのチャンスが転がっています。その発想を持ってください。

そこに言語や特別な能力は必要ありません。必要なのは一歩踏み出す勇気だけ。決められたレールの上をほんの少し外れてみるだけで、日常に漂う閉塞感から抜け出た人生に変えられる可能性があるのです。

あなたにとってのより良い第二の人生を歩むことを願い、文章を終わらせていただきます。

風間 真治

風間 真治（かざま しんじ）
海外起業家、投資家 /PLAZA BRIDGE SRL 代表取締役

1977 年、東京生まれ。両親ともに中学教師の家庭で育つ。
13 歳の時、八王子で安く売られているゲームソフトを東京で高く売る、「価格差を利用したトレーディング」を人生で初めておこなう。中央大学法学部に進学。
25 歳の時、貿易会社に就職。27 歳の時、中南米のドミニカ共和国へ支店長として赴任。3 年間、日系企業の駐在員として過ごす。
2008 年、31 歳の時に現地の女性と結婚するが、駐在期間が終了する。仕事を選ぶか妻を選ぶか迷うが、ドミニカ共和国に残ることを決意し、会社を退職。しかし、独立すると会社員時代のコネや肩書きがまったく役に立たないと知る。雨漏りのするワンルームの部屋で、常に 2 週間分の食料しか手元にないという「どん底の状況」を経験。

当時、ゴキブリ退治のほう酸団子がドミニカにはなく、ほう酸団子を売って 1 日 500 円の日銭を稼ぐ。「韓国の中古車」がドミニカで売れることを発見し、輸入販売業に取り組む。そこから、中古車のフランチャイズ店、自動車部品の輸入販売などを次々と展開。中南米全体に商圏を拡大させていく。カトリック教国では社会的名誉のある人しか就けない「ゴッドファーザー（後見人・名付け親）」にたびたび指名される。

事業に成功する一方で、海外出張中に信用していた部下に車を盗まれる、強盗に襲われるなど、4 回殺されかける。その後、一からまた事業をスタートし、現在、中南米 15 カ国にて、貿易業、不動産業、金融業、インターネット事業、小売業の 5 つの事業を展開。

人生のミッションは「日本の中で世界で勝負したい人」に影響力を持てる存在になること、また中南米市場に限らず世界の新興国で様々なビジネスを展開すること。

PLAZA BRIDGE SRL
https://latinamericabusiness.net/

Special Thanks to:

出版プロデュース
株式会社天才工場 吉田 浩

編集協力
潮凪 洋介
廣田 祥吾

人生を変える「冒険の書」
何もない僕が海の向こうで起業したら、成功した。

二〇二三年（令和五年）六月二十八日　初版第一刷発行

著者　風間 真治
発行者　石井 悟
発行所　株式会社自由国民社
東京都豊島区高田三―一〇―一一　〒一七一―〇〇三三
電話〇三―六二三三―〇七八一（代表）
造本　JK
印刷所　新灯印刷株式会社
製本所　新風製本株式会社